东莞市品牌学校图谱

让孩子在家门口上品牌学校

东莞市教育局 编

南方日报出版社
NANFANG DAILY PRESS
中国·广州

图书在版编目（CIP）数据

东莞市品牌学校图谱：让孩子在家门口上品牌学校 / 东莞市教育局编. —广州：南方日报出版社，2023.4

ISBN 978-7-5491-2633-0

Ⅰ. ①东… Ⅱ. ①东… Ⅲ. ①中小学—学校教育—研究—东莞 Ⅳ. ①G63

中国版本图书馆CIP数据核字(2022)第217066号

DONGGUAN SHI PINPAI XUEXIAO TUPU RANG HAIZI ZAI JIAMENKOU SHANG PINPAI XUEXIAO

东莞市品牌学校图谱——让孩子在家门口上品牌学校

编　　者：东莞市教育局
出版发行：南方日报出版社
地　　址：广州市广州大道中289号
出 版 人：周山丹
责任编辑：曹　星
责任校对：阮昌汉
责任技编：王　兰
经　　销：全国新华书店
印　　刷：广州市岭美文化科技有限公司
开　　本：889 mm×1194 mm　1/16
印　　张：18.25
字　　数：300千字
版　　次：2023年4月第1版
印　　次：2023年4月第1次印刷
定　　价：68.00元
审 图 号：粤SS（2022）183号

投稿热线：（020）87360640　　读者热线：（020）87363865

序一

品牌建设理念最初产生于企业，后在各行各业中皆有广泛的应用。我国将品牌建设应用到教育领域，大约是在20世纪80年代初期。最初主要是为了解决学校在办学与发展过程中出现的趋同化问题，为此许多地方政府采取了诸多推进中小学办学与发展多样化、特色化的举措。后来，随着社会发展以及人民群众对学校办学质量提升要求的愿望以及质量意识的增强，品牌学校创建作为提升学校办学质量的重要工程在中小学逐渐地开展起来。

品牌学校创建工程实施以后，我国中小学办学与发展的同质化问题得到了较大程度的解决，中小学也开始出现了多样化与特色化发展局面，学校教育教学与区域教育质量也出现了较大程度的提升。人才培养是一项长期性与迟效性工程，注重品牌打造的长期效能，按照人才成长与发展规律以及教育教学规律要求，方可实现学校与区域教育的高质量发展与可持续发展。在一段时间的尝试和探索之后，教育步入后品牌时代，学校开始自觉保持更具持续力的观察和思考，如何注重品牌打造的长期效能，让教育品牌的落脚点真正落在立德树人，落在师生和老百姓的获得感上。

诚然，学校的品牌创建本质上是一种教育教学管理深度优化的过程，与人们熟知的企业品牌建设有着本质的区别。二者之间的区别主要有三个方面：其一，企业品牌建设是营销的一种重要手段，没有品牌建设，企业产品的销量、收益以及发展皆受到影响，严重时还可能会威胁到企业的生存。学校品牌建设并不是学校进行营销的手段，而是提升人才培养质量的重要举措。其二，尽管不论是企业还是学校，其品牌创建皆是一项长期工程，但企业品牌创建在短期内很容易见到成效，而学校品牌建设则是难以在短期内见到成效。其三，企业的品牌创建很容易外显并被社会公众所识别，而学校品牌则是属于内隐的，难以被社会公众直接识别。正因学校品牌创建具有上述特点，对于那些质量意识不强、发展动力不足的学校，很难将品牌学校的创建作为其一项自觉行动，这就需要地方政府将品牌学校创建工程作为区域教育事业发展的一项重要工作来推进。

尽管学校品牌建设与企业品牌建设存在着诸多不同，但企业品牌建设理念与经验还是有许多方面值得学校借鉴，如企业品牌建设的质量与信誉保障意识、开拓创新意识、精益求精意识，等等。此外，作为企业品牌三大内在要素的功能、质量和价值以及三大外在要素的知名度、美誉度和忠诚度等对学校品牌建设也都具有重要的指导、借鉴意义与价值。实践证明，积极推进品牌学校建设不仅有利于提升学校社会识别度、影响力以及竞争力，还有利于积极打造与提升学校显性文化建设水平以及学校整体办学质量水平，上述意义在东莞市实施的品牌学校培育工程中已得到了充分的诠释与证验。

一般情况下，品牌学校的打造需要经历三个阶段——学校特色建设阶段、学校品牌创建阶段与学校品牌群落打造阶段。在这个过程中，需要处理好学校特色建设、学校品牌建设以及品牌学校创建三者之间的关系。品牌学校的创建需要从学校品牌的创建开始，而学校品牌的创建则是需要从学校特色建设开始。反过来，一旦品牌学校形成，则会有利于学校新的品牌创建以及学校特色的创建。学校特色、学校品牌与品牌学校之间是相互联系、相互区别的。在进行品牌学校打造的过程中，三者之间也是相互促进、相互补充的。一旦学校品牌形成群落，那么，就意味着品牌学校已经形成了。

东莞是岭南文明的重要发源地，也是中国近代史的开篇地和改革开放的先行地。2018年在“中国外贸百强城市”中位列第三位，2021年全年地区生产总值为10 855.35亿元，常住人口规模达到了1053.68万人。目前，东莞市有各级各类学校1915所，在校师生199万人。为保证东莞教育事业更好地满足民生需求，保证其与区域社会经济、文化等各项事业协调、可持续发展，早在2018年东莞市政府就已着手推进“品牌学校”培育工程，经过几年的倾心努力与打造，现已积累了比较丰富的实践经验。本书就是对东莞市近些年品牌学校创建经验所进行的总结。相信此书的出版必将会对今后东莞市乃至全国其他地区品牌学校的打造，提供一定的借鉴与启示。

苏君阳　2022年于京师园学而书斋

（作者简介：苏君阳，教授，博士生导师，北京师范大学教育管理学院院长，兼北京师范大学教育督导研究中心主任、北京师范大学教育学部教育家书院副院长、中国教育发展战略学会家校协同专业委员会副理事长。）

序二

近日，《东莞市品牌学校图谱——让孩子在家门口上品牌学校》一书的编者携手稿来访，邀请我为这本书作序，我有点犹豫，一是因为近来事多，要赶点文稿；二是因为书稿较长，不知道看过后有没有灵感。后来被编者的盛情感动，我还是答应下来。

过了几天，我一打开书稿，便爱不释手。读罢掩卷，感慨良多……

我感动于东莞市和各镇街党委政府对教育的重视程度和发展教育的智慧，一个以外向型经济为主体、以制造业闻名世界的城市，如此重视让每一个孩子都受到良好培养的基础教育，如此重视学校品牌建设，如此重视名师、名校长的培养，实在有点让我感到意外！我折服于市、镇两级教育主管部门推动优质教育发展的高招，他们不是层层加压、任务到校，而是荣誉激发、价值引领，让每个学校都焕发出要更上一层楼的创造活力！我感动于众多知名学校校长的宽阔胸怀和责任心、使命感，他们不是保守以往成功经验，担心被他人超越，而是主动分享成功经验，共享优质资源，与薄弱学校携手共进！我更感动于众多不知名学校校长的好学精神和奋斗勇气，他们没有怨天尤人，没有自暴自弃，没有甘拜下风，而是发愤图强，力争后来居上！

一个从“三来一补”起步，外来务工人员居多，基础教育名校甚少，以“贴牌”加工闻名的改革开放前沿城市，短短几十年一跃成为经济繁荣、社会文明、教育先进、环境优美的现代化制造业名城，这座城市经历的蜕变和展现的智慧与勇气，更是值得赞美与借鉴！

他山之石，可以攻玉。这座城市究竟有哪些发展教育的实招高招值得其他城市借鉴呢？

第一，价值引领，培育品牌。为了适应东莞由传统制造业向新型智造业转型对人才的需要，他们启动了品牌学校培育工程。2018年开始，挑选若干所办学基础好、社会口碑好的学校进行培育；2019年评审认定首批30所品牌学校，后用三年时间共评审认定120所品牌学校。通过智囊团制定高位引领的品牌学校评审标准，从办学理念、学校管理、德育工作、课程体系、文化建设、环境氛围、社会影响力等七个方面，引导学校学习教育新理念，总结、反思、凝练学校文化的核心价值观，重构学校文化体系，推动传统名校擦亮品牌、实现自我超越；同时也推动新锐名校注重文化建设，提升办学品位。几年下来，东莞品牌学校迅猛增长，老百姓对品牌学校创建给予了高度评价，教育满意度不断提升。

第二，集团效应，做大做强。为了放大优质教育资源、扩大品牌学校辐射效应，他们创造了集团化办学的多种模式。有紧密型、托管型、联盟型、复合型等模式；有“名校＋分校”的教育集团，有“名校＋新校”的教育集团，有“名校＋弱校”的教育集团，也有“名校＋民校”的教育集团。这些集团，有理念、特色相近而组建的；有互为近邻，方便取长补短、共建共享资源走到一起的；有区域内部组建的，也有跨镇街组建的。集团化办学目的只有一个，就是做大优质教育资源，满足老百姓对教育多样化、差异化、个性化、优质化的需求。

第三，课堂改革，提升品质。为了让品牌学校、教育集团不仅“外表光鲜”、美誉持久，更要“表里如一”、持续好评。2021年，东莞启动“品质课堂”行动计划，提出以“高效课堂”和“莞式慕课”为基础，以让每一个学生接受有品质的教育为价值追求，通过课堂变革带动教学品质提升，让师生享受过程精彩和成长幸福。为使“品质课堂”行动落到实处，他们制定了“理念先行—基地引领—比赛促动—技术助力—评价导向—成果辐射”六位一体推动策略。品质课堂，强调以学习者为中心，学生的需要始终被看见、被重视，让每一位学生都能在原有基础上得到提高、获得进步。品质课堂，强调技术助力，使课堂形式更多样、更高效、更能满足差异化需要。品质课堂，更使东莞基础教育呈现课堂模式百花齐放、争奇斗艳的生动景象。

第四，多措并举，打造名师。“品质课堂”让“莞邑良师”茁壮成长。东莞在打造“名校”（品牌学校）的同时，下大力气、花大本钱培育“名师”（莞邑良师），既重视引进、又注重培育；多管齐下，多层次多形式培养名师，有“请进来”（专家到校）又有“送出去”（名师跟岗），有推荐遴选制也有竞争招标式，也让莞邑良师练就“十八般武艺”：能想（有创意）、能说

（有说法）、能做（有办法）。近几年，东莞教育获国家和省教学成果奖数量增加、层次提升，东莞教师获评正高级教师和特级教师人数不断增加，就是教师发展的鲜活案例。

第五，公办提质，民办规范。在东莞，不仅众多公办学校始终是老百姓心中的名牌学校，不少民办学校在规范提质的大背景下，办学质量和品牌建设上也可圈可点，形成了公办优质均衡、民办规范有序的“东莞现象”。

一言以蔽之：东莞教育这些年来的长足进步，很大程度上得益于品牌铸造。品牌是什么？从字面上看，它是产品的标识，但真正的品牌，一定有特定的价值追求、丰富的文化内涵、稳定的质量标准、持续的良好口碑。创立一个名牌企业、名牌产品不容易，同样，创办一所品牌学校，更是要有立百年口碑、办百年名校的追求和定力。

我衷心祝愿东莞教育坚持办品牌学校、创品质教育的正确方向，以新发展理念推动教育高质量发展，让孩子们享受更加美好的教育，也给老师们提供一个展现个人才华、获得职业成就、享受人生幸福的理想环境和高端平台。

是为序。

吴颖民　2022年教师节于广州

（作者简介：吴颖民，中国教育学会副会长、研究员、博士生导师，华南师范大学原副校长兼附属中学校长，现任广州市天河区教育顾问、广州中学名誉校长。）

序三

“每个人的心中，都有一座神奇的城市，如果没有去过，都深信有一天一定会去；如果已经来过，都深信还会再来。”

东莞就是这样的一座城市，也许只有东莞才有可能把“诗圣”杜甫之名段改成：

莞城丝管日纷纷，半入江风半入云。

此曲只应天上有，松湖也能几回闻。

这是2021年4月24日，我应邀担任东莞市第二届未来课程设计大赛决赛评委时的有感而发。

最近几年来，东莞教育以“打造品质教育”为核心战略，加快推进教育现代化，全面提升教育事业整体发展水平，使教育成为高品质现代化都市建设的精彩缩影。

更准确地说，东莞教育人正以身先示范的姿态和扎实高效的行动，在“打造基础教育高质量发展的新名片、高等教育创新发展的新范例、职业教育产教融合的新高地、智慧教育治理的新标杆、教育综合改革的新品牌、增强民生福祉的新窗口……”的航程上乘风破浪、高歌猛进！

把无界的认知和无私的心境结合起来最易于产生出伟大的思想智慧来，而从“改变课程才能改变学校”到“改善区域课程才能改善一方教育”，无疑是东莞教育人在认知上的一次飞跃。

在美丽的松山湖，循着东莞市未来课程设计大赛的设计、组织和实施的足迹，可以感受到东莞基础教育在学生发展、教师发展和学校发展方面所取得的新成果、呈现的新面貌和产生的新经验。

这些新成果、新面貌和新经验，又让我似乎触摸到东莞教育品牌建设和形成的方向、路径和经验。

1. 鲜明的教育主张，是教育品牌形成的前提

一般认为，主张即看法，即见解。每个教育人，也都有自己的教育主张。

东莞教育人，总在不断地审视其教育主张的内涵和教育价值之间的关系，而恰恰是这种不断地审视，使他们的品牌意识逐步形成并得到加强。

即使是未来课程设计大赛，东莞教育也有其鲜明的主张——“创造未来无限美好”。其中，“创造未来”是教育领导力的最好表达，因为，“未来不是我们要到达的地方，而是我们要去创造的地方”；而“无限美好”则是首善的教育价值观表达，因为，“教育不仅是为了幸福美好的生活，教育本身就应该是幸福美好的生活”。

2. 现代化的教育治理，是教育品牌形成的核心

教育治理体系和治理能力是国家治理体系和治理能力的重要组成部分，是一个国家教育制度和制度执行能力的集中体现。深入推进教育治理现代化，是当前教育改革和促进教育品牌形成的核心所在。

东莞教育人，总在不断地促进政府、学校、社会组织和企业等多元主体充分发挥作用，努力实现多元共治。而恰恰是这种多元主体作用的发挥，加快了东莞教育品牌形成的速度。

3. 科学的教育评价，是教育品牌形成的关键

教育评价是指在一定教育价值观的指导下，依据确立的教育目标，通过使用一定的技术和方法，对所实施的各种教育活动、教育过程和教育结果进行科学判定的过程。

通常情况下，要进行教育评价，首先必须确立目标或者标准，而标准则是产品的最高定义，从某种意义上来讲，标准就是品牌。

东莞教育人在“改进结果评价、强化过程评价、探索增值评价和健全综合评价”的基础上，突出教育的发展性评价，主张评价的主体也可以成为价值的主体，努力使其自主地进行自我判断和价值选择。而恰恰是这种注重发展性的评价，使东莞教育品牌的层次不断拔高和提升，从一般品牌不断向顶尖品牌迈进。

宏大的东莞教育品牌体系的特点体现在：

一是高品质性：品质课堂带动教学品质提升，“莞邑良师”吸引群雁齐飞，资源统筹跑出了教育“加速度”，品牌辐射激发了深层办学活力。

二是高品位性：找准基于品牌逻辑的特色发展路径，不断优化治校文化力和品牌领导力，彰显了品牌建设过程的气度和韵味。

三是高品格性：办好人民满意的教育，人民群众的幸福感、满足感和安全感得到大幅度提升。

可以说，东莞教育品牌建设和东莞教育品牌本身有了极大的知名度、满意度和忠诚度，具备了品牌的三大属性和特征。

所有这些属性和特征，本书将从品牌纪行、品牌路径、品牌论道、品牌聚焦等视角，给予主题化、结构化和体系化的呈现，相信呈现给全国教育同仁的一定是教育品牌建设的壮丽诗篇和华美乐章。

斯为序记！

郭其俊

（作者简介：郭其俊，知名教育专家，著名特级教师，首批正高级教师，中国教育学会初中教育专业委员会副理事长，深圳市福田区教育科学研究院及附属学校党委书记、深圳市福田区教育科学研究院院长。）

前言

从太空俯瞰午夜的地球，环珠江口灯光璀璨，粤港澳大湾区连成星河。东莞前拥深港，背靠穗惠，屹立在大湾区的核心地带。改革开放至今，从一个传统农业大县蜕变为国际制造业名城，东莞以全国0.03%的土地和全国0.6%的常住人口，创造了全国0.9%的GDP，堪称工业化、城市化、现代化发展的奇迹。

如今，在这片改革开放的热土之上，一场以“品牌”为核心的教育变革，正在蓬勃兴起。2018年，作为推动教育扩容提质、内涵发展的重要抓手，东莞品牌学校培育工程拉开序幕，着力解决品牌优质教育资源总量不足、分布不均衡的问题，推动教育优质均衡发展，提升教育服务水平。

□东莞以全国0.03%的土地和全国0.6%的常住人口，创造了全国0.9%的GDP。图为东莞中心城区
（孙俊杰　摄）

这是对东莞教育改革创新基因的有力传承。回望来路，东莞的实践为教育现代化的探索增添了许多生动注脚：改革开放拉开了全国教育历史性变革的序幕，也带来了东莞教育的新起步，1985年东莞撤县建市（县级），建立市、镇、村三级办学管理体制，第二年被评为全国基础教育先进市；20世纪90年代，与全国教育现代化进程相适应、与新型城镇化历程相匹配，东莞教育不断拓展，创办第一所普通高校、第一所民办学校，在全省率先普及高中阶段教育，获评全国“两基”工作先进市和全国“科教兴市”先进市；进入新世纪，东莞教育进入规模发展与设施完善的创强时期，开始推行小规模学校联合办学，实施户籍免费九年义务教育，实施“三转二”办学管理体制改革，启动高中阶段教育布局调整，大力推进教育信息化建设，成功创建“广东省教育强市”。

这也是新时期高质量推进教育现代化工作的有力举措。党的十八大以来，教育现代化加速推进。2018年，党中央隆重召开新时代第一次全国教育大会，谋划了我国教育改革发展的宏伟蓝图，对加快教育现代化、建设教育强国、办好人民满意的教育作出了全面部署。东莞深入贯彻落实，旗帜鲜明地提出“打造教育现代化强市”，主动适应粤港澳大湾区建设和新型城镇化发展的新要

□长安镇实验小学，学生们围着老师学习毛笔书法　　（周宇彤　摄）

求，以满足人民群众日益增长的优质教育需求为导向，着力提高教育优质均衡和均等化水平。

在“十四五”开局之年，东莞再次取得跨越式成就，成为广东第4座GDP超万亿的城市，也成为全国第15个GDP过万亿、人口超千万的“双万城市”。站在这个新的历史起点上，广东省委、省政府对东莞寄予厚望，出台新政力撑东莞打造科创制造强市，推动东莞提高发展能级，增强珠三角地区核心引擎的战略支撑。教育作为公共服务的重要组成部分，怎样的教育实力才能与高质量发展新方位相匹配，东莞教育应该如何朝更具含金量的内涵前行？这是一个必须回答的课题。

谋先事则昌。在阔步迈进“双万城市”的赛道中，东莞早已寻得破题之法，将教育扩容提质视作提高人口素质和城市竞争力的基础性工作，并从2018年起展开新一轮部署。2020年3月，市政府发布“一号文”《关于坚持和完善民生保障机制建设高水平小康社会的实施意见》，针对人民群众最关注的教育领域，大力实施教育扩容提质千日攻坚行动，调动一切积极因素和资源，以全市域发动、全链条支撑、全覆盖培训、全方位提升的强有力攻势发起冲锋。

品牌学校培育工程正是在这一背景下，因势利导，顺势而为，作为教育扩容提质的重要举措之一，被写入东莞市政府工作报告，在推进教育现代化领域开启了新的探索。

（一）

品牌学校回应了人民群众的迫切期盼。

一方面，东莞教育起步早、走得快，放眼全国都是亮眼的存在；但另一方面，优质教育资源相对不足、分布不均，结构性矛盾较为突出等问题仍然存在。

作为全国4个不设区县的地级市之一，东莞现辖28个镇、4个街道、3个市属产业园区。特殊的行政架构决定了特殊的办学体制，从2007年起，东莞中小学办学管理体制转为市、镇两级管理，全市高中阶段学校收归市政府统筹办学管理，初中由市、镇两级共管（以镇街为主），小学由镇级统一管理。由于某些原因，部分老百姓存在“市属优于镇属，中心城区学校优于其他学校”的固有观念。很多办学水平不错或硬件好、特色鲜明但不在中心城区的学校，家长却知之甚少。要改变这种状况，真正让适龄儿童、少年就近接受最合适的优质教育，还有很长的路要走。

客观原因固然有，但更多的错位来自学校本身。一是部分学校办学积淀深厚却“内秀外敛”，品牌传播意识不强。比如：东莞有18所百年老校，但提起百年老校，可能很多家长知道的也只有东莞中学等少数城区的优质学校。二是办学水平达到一定程度，亟待突破临界点迈上新台阶，却因缺乏系统的方案和理论指引停滞不前，这类学校也不在少数。此外，对于新校来说，本身就需要好的设计和规划，才能高位发展，赢得学生和家长的广泛认可。

因此，无论是从提升办学品质、增强核心竞争力，还是从凸显办学成果、提高学校影响力和美誉度来看，品牌学校的培育都具有必然性和必要性。其底层逻辑是，通过激发内驱力促进学校内涵式发展，打造老百姓心目中的“好学校”；通过发挥辐射力扩大优质教育资源覆盖面，推动优质教育全域品牌化。

这并非一纸空谈。从一开始，东莞市委、市政府就给予了非常明确的指示：要加大本土教育品牌的培育力度，进一步发挥优质学校的带动牵引作用，选取一批办学基础好、办学成效突出、社会口碑好的学校，通过重点指导培育，推动优质特色办学，树立学校教育品牌，力争用三年时间培育出100所高水

□作为莞邑教育发源地，百年名校东莞中学承载着市民对高水平教育的期盼。图为2021年落成的东莞中学新教学楼
（黄正飞　摄）

□坐落于松山湖国家级高新技术产业开发区，东莞中学松山湖学校以“卓越教育”理念打造创新人才培育摇篮
（东莞中学松山湖学校供图）

平的品牌学校。自2018年，东莞市正式启动品牌学校培育工作以来，全市共培育120所品牌学校。

（二）

品牌学校承载着品质教育的创新实践。

学校内涵式发展需具备三个前提条件：足够清晰的办学定位、科学的办学理念、独特的办学方略，相比教育发达地区，这恰恰是东莞学校的短板。怎么办？闭门造车行不通，他山之石可攻玉。2019年，东莞80名品牌学校校长和管理骨干组团奔赴北京，进行为期7天的研修学习，在中国教育探索学校品牌化、特色化最早的区域，听取最高学府北京师范大学专家授课，实地走访京城名校，与顶尖教育智囊面对面交流。

与此同时，一些学校积极邀请省级、国家级教育研究机构进校把脉问诊，充分借助智库思想力，解决学校当下的显性或隐性问题，锻造个性化的教育品牌。在这一过程中，方向渐定，路径渐明：首先树立可持续性的品牌意识，其次构建基于理论逻辑和办学实际的创新发展理念，然后浸入品牌文化的肌理，优化学校管理、课程体系，师资队伍，教学投入，校园环境等方方面面的深层细节。

于是，品牌培育犹如一股热浪，激活了东莞学校教育教学提质增效的“一

□2019年11月，东莞组织了品牌学校校长、骨干成员组成的80人团队远赴北京，开启为期7天的北京研修之旅
（东莞市教育局供图）

池春水”。2019年首批30所品牌学校正式认定，2020年认定第二批30所，2021年再认定60所。我们欣喜地看到，一批新校立体生长，以高起点规划、高标准建设、高质量办学迅速赢得社会认可；一批老校摆脱桎梏，借品牌培育契机重塑“一盘棋”统筹、“一链子”构建、“一体化”推进，轻装前行，展露鲜亮的办学底色和强劲势头；一批强校示范引领，通过与集团化办学叠加，充分发挥辐射作用以强带弱，形成了促进教育优质发展的闭环。

2021年1月13日，东莞市委、市政府高规格召开全市推进品质教育建设大会，明确提出将“打造品质教育”作为“十四五”时期推动教育高质量发展的统领性价值追求，加快建设教育现代化强市，着力构筑优质教育资源集聚地和创新人才高地。同时，聚焦提升“八大品质”，实施“1＋12”行动计划，涵盖推进义务教育优质均衡发展、打造“莞邑良师”、推进品质课堂等内容。在同年的全市教育大会上，东莞对“十四五”时期教育改革发展作出系统谋划和安排，出台深化基础教育领域综合改革等系列文件，提出打造广东省基础教育高质量发展新名片。品牌学校，正是层层递进追求品质教育的行动载体。

□东莞打造科创制造强市的雄心，离不开高水平公共服务体系和人才支撑　　（曹永富　摄）

（三）

品牌学校勾勒出“双万”东莞教育的使命愿景。

从分布地图看，遴选出的120所品牌学校遍布东莞园区、镇（街道），兼顾了区域间的平衡，并且每所学校在教学质量、办学特色、校园文化等要素上各有所长。身边的好学校越来越多，这是给老百姓带来的最直接感受。

“办好人民满意的教育”，是东莞教育一直以来的探索方向。近年来，在全国教育事业改革发展的大背景下，东莞始终把教育摆在优先发展位置，以办好人民满意教育为目标，直面一系列阶段性特征和挑战，加大教育投入，深化教育改革，为经济社会发展提供了有力的人才支撑和智力保障。

如今，粤港澳大湾区融合发展进入新阶段，东莞作为大湾区重要节点城市，要想在更高起点上加快高质量发展，更离不开高水平的公共服务体系以及人才支撑，即实现千万人口与城市深度融合、共生共荣。教育作为保障民生的重点领域，必须持续满足人民群众对于优质教育资源的需求，从而持续为城市发展培养各领域的人才。

使命即机遇。东莞教育必须努力努力再努力，抓紧抓紧再抓紧。

在打造“教育强国”的目标指引和政策推动下，从“学有所教”迈向“学有优教”，已经成为基础教育发展前行的新航标。立足“双万”新起点，东莞市委、市政府把教育提升到事关城市未来和发展后劲的战略地位，“学有优

□东莞聚焦“学有优教”提出十二项重点举措，奋力在“双万”新赛道上跑出教育加速度

（刘美琪　摄）

教”首次被写入东莞教育，成为当前和今后时期的重要命题。在2022年全市教育工作会议上，东莞聚焦“学有优教”提出十二项重点举措，奋力在“双万”新赛道上跑出教育加速度。毫无疑问，品牌学校就是勇往直前的排头兵。

也因此，我们希望通过本书解构品牌学校培育过程中沉淀的教育思想与启示意义，同时也希望捕捉学校主动把握教育新常态的敏锐触角和有效尝试，比如落实“双减”政策，拓展融合教育，等等，以究极一座城市教育事业的朴实之问：如何让人民群众享有更多“教育获得感”。

120所品牌学校，串点成线，连线成面，既透视东莞教育的过去，也描绘东莞教育的未来。而现在，正是奔跑的时候。

编者

目录

CONTENTS

四、绽放·深层次培育：各美其美擦亮东莞品质教育 / 118

第一部分

品牌纪行

关键词1

品牌发端

党的十九大报告指出，“努力让每个孩子都能享有公平而有质量的教育”，概括出新时代我国教育的新使命在于缩小教育差距，推动教育优质均衡发展。广东省教育厅指出，要以优质品牌学校为龙头组建办学集团，充分发挥优质品牌学校示范辐射作用，增强薄弱学校造血机能，实现以强带弱，整体提升办学质量。从全市角度看，东莞亟需化解优质教育资源相对不足，分布不均，结构性矛盾较为突出等问题，提升全市教育服务水平。《2018年东莞市政府工作报告》提出创建30所品牌学校，2018年6月，东莞召开全市教育扩容提质会议，并明确将品牌学校培育和集团化办学作为提质的双策略。

关键词2

顶层设计

东莞一开始就扎实做好品牌学校相关顶层设计，高度重视制度的支撑作用，先后出台《东莞市普通中小学品牌学校培育工作推进方案》《东莞市普通中小学品牌学校培育专项资金管理办法》，为项目的总体推进划定了任务书、路线图和时间表。通过差异化特色打造、分段渐进式培育、引入第三方专业评审，为品牌学校培育做出系统、科学的长远谋划。在资金保障上，市财政安排1亿元专项资金，依据管理办法确保充分发挥资金效益。

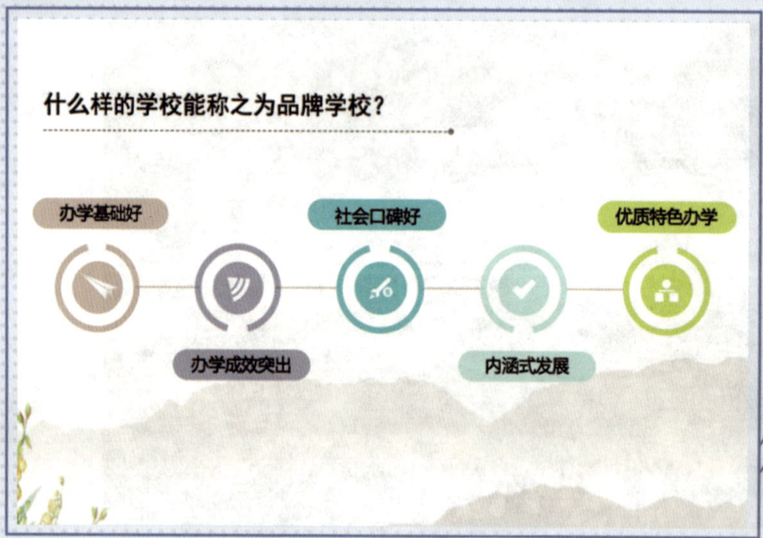

关键词3

政策宣导

为什么做？怎么做？从2018年第三季度开始，东莞系统展开品牌学校培育内部宣贯工作，请来国家级、省级专家介绍品牌学校培育的背景、培育要素和意义，从培育动机到培育办法，从学校内涵提升到教育评价改革，从品牌打造到品牌辐射，东莞市教育局首次系统地将品牌培育理念输入到学校，鼓励学校聚焦提升办学品质、增强核心竞争力、凸显办学成果、提高学校影响力和美誉度，动员全市学校积极申报、创建品牌学校。

关键词4

问计于民

为了营造良好的舆论氛围，让社会民众了解东莞品牌学校培育工程的背景和意义，2018年11月3日，东莞市教育局联合南方+共同策划《我要的好学校》全民大家谈节目，通过开放式话题设计，引导家长参与讨论心目中的好学校，直播2小时内共有近40万人次参与讨论心中好学校，彰显东莞民众对好学校的热切期待，为品牌学校培育工作营造良好舆论氛围。

关键词5

积极申报

东莞市委、市政府针对品牌学校培育给予了非常明确的指示：要加大本土教育品牌的培育力度，进一步发挥优质学校的带动牵引作用，选取一批办学基础好、办学成效突出、社会口碑好的学校，通过重点指导培育，推动优质特色办学，树立学校教育品牌，力争用三年时间培育出100所高水平的品牌学校。2018年11月中旬，首批品牌学校申报工作正式启动，通过前期充分的宣传，学校申报积极踊跃，共有142所学校提交申报材料。

关键词6

首批培育

经过专家周密论证和筛选等程序，东莞产生了首批30所培育对象。2019年3月4日，东莞召开品牌学校培育工作推进会，正式向社会发布品牌学校培育工程。公布的首批品牌学校培育对象中，包括7所普通高中、7所初中以及16所小学，品牌学校培育工作全面开启。

关键词7

品牌展示

2019年4月，东莞品牌学校培育对象“主题开放日”活动正式启动，东莞中学初中部、松山湖实验中学率先策划举办品牌校园开放日，媒体直播镜头走进校园、走入课堂、专访校长和老师。依托一系列富有前瞻性、高水平的教育品牌构建活动，国家、省、市媒体深入参与报道品牌学校培育的系列精彩活动，向公众全方位、立体化展示学校办学动向和成果，不断提升优质学校的社会认知度和曝光度。仅2019年，品牌学校主题开放日系列宣传在省级媒体平台就收获了超300万次的点击量，数据见证了东莞好教育的卓越传播影响力。

关键词8

借智高端

借智高端，问计专家。2019年4月25—26日，东莞举办首届品牌学校高端研讨会。首批30名品牌学校培育对象校长齐齐登台，接受北京师范大学中国教育创新研究院的专家团队现场答辩。此次研讨活动是东莞品牌学校培育工程推进以来首次系统的高端专家指导活动，专家遴选优秀案例参加“中国教育创新展创新成果公益博览会”。

关键词9

赴京研修

2019年11月，东莞启动品牌学校发展战略以来，首次组团80多名校长和学校骨干赴北京学习。从听取最高学府北京师范大学专家讲授，到实地走访京城名校，与名校长面对面交流，此次品牌学校之行可谓收获颇丰。北京是中国教育探索学校品牌化、特色化最早的区域，从特色学校到集团化办学，都在全国教育领域具有权威的借鉴意义。通过7天的北京研修学习之行，通过学术和实践知识的融合，也激发东莞品牌学校校长和管理骨干对学校文化、品牌内涵和特征的深度思考。

关键词10

首批认定

2019年12月，东莞市第一批品牌学校发布会暨品牌培育中期推进会在市中小学教师发展中心举行。经过近一年的培育，首批培育对象全部获得品牌学校认定。与此同时，第二批品牌学校申报非常活跃，遴选工作共收到了120所学校申报材料，经过论证和筛选后，最终产生了第二批30所品牌培育学校，并在推进会上公布。

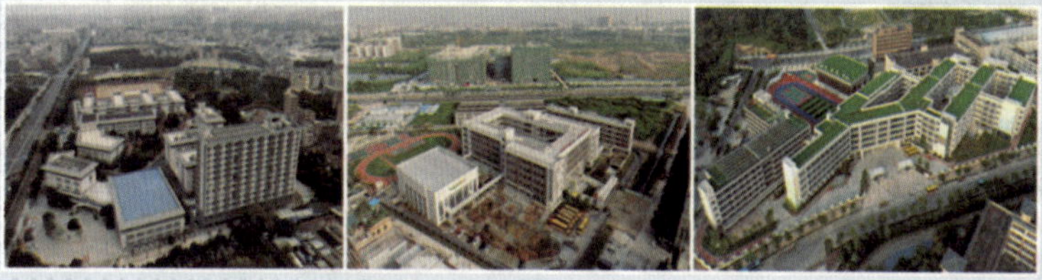

关键词11

深入攻坚

2020年3月，东莞市政府发布“一号文”《关于坚持和完善民生保障机制建设高水平小康社会的实施意见》，针对人民群众最关注的教育领域，大力实施教育扩容提质千日攻坚行动,调动一切积极因素和资源，以全市域发动、全链条支撑、全覆盖培训、全方位提升的强有力攻势发起冲锋。作为东莞推动教育扩容提质、内涵发展的重要举措之一，品牌学校培育工程进入深入攻坚。

关键词12

第二批认定

2020年，东莞教育扩容提质千日攻坚行动正式打响，品牌学校培育深度推进。11月20日，东莞市第二批品牌学校暨第三批品牌学校培育对象发布仪式在市中小学教师发展中心举行。会上，第二批30所品牌学校正式认定，第三批60所培育对象名单随之公布。

关键词13

品牌地图

为了进一步扩大对品牌学校的宣传，让东莞品牌学校培育的成果家喻户晓，2021年12月，东莞市教育局联合东莞报业传媒集团策划了品牌学校地图创意H5，生动展示东莞品牌学校和品牌学校培育对象的办学风采和学校实力，超百万人次参与“品牌地图”打卡转发，通过创新传播手段让“品牌学校”在社会上可感可见。

关键词14

论道发展

2021年1月6日下午，东莞市第二期校长任职资格培训班2021“品牌学校建设”论坛在东莞市中小学教师发展中心举行。60余名来自东莞各公、民办学校的校长齐聚一堂，就品牌学校建设分享经验，互动交流。品牌学校借助品牌培育的契机，形成合力，把各校之间的共性融合好，把学校的个性化发挥好，从而形成东莞教育的凝聚力。

关键词15

品质教育

2021年1月13日，东莞市推进品质教育建设大会召开，专题研究部署了打造品质教育工作。东莞明确将“打造品质教育”作为接下来一个时期东莞加快教育现代化的核心战略，坚持教育高质量发展主题，以“品质教育”为目标和价值追求，以“扩容提质”为抓手，以“改革创新”为根本动力，全面提升教育事业整体发展水平。9月10日，在全市教育大会上，东莞对“十四五”时期教育改革发展作出系统谋划和安排，出台深化基础教育领域综合改革等系列文件，提出打造广东省基础教育高质量发展新名片。品牌学校作为东莞扩容提质的重要抓手，成为东莞奋力打造品质教育的行动载体。品质教育聚焦提升“八大品质”，实施“1+12”行动计划，涵盖推进义务教育优质均衡发展、打造“莞邑良师”、推进品质课堂等，品牌学校都积极参与其中，发光发热，并在实现品牌输出、辐射带动发展方面做出有益探索。

关键词16

第三批认定

2021年12月，东莞市第三批品牌培育学校全部获得品牌学校认定。作为东莞教育扩容提质、内涵发展的重要抓手，品牌学校培育工程自2018年启动至今，共认定120所品牌学校，涌现一批办学理念先进、办学特色鲜明、办学成效突出、内涵式发展、社会口碑良好的品牌学校。

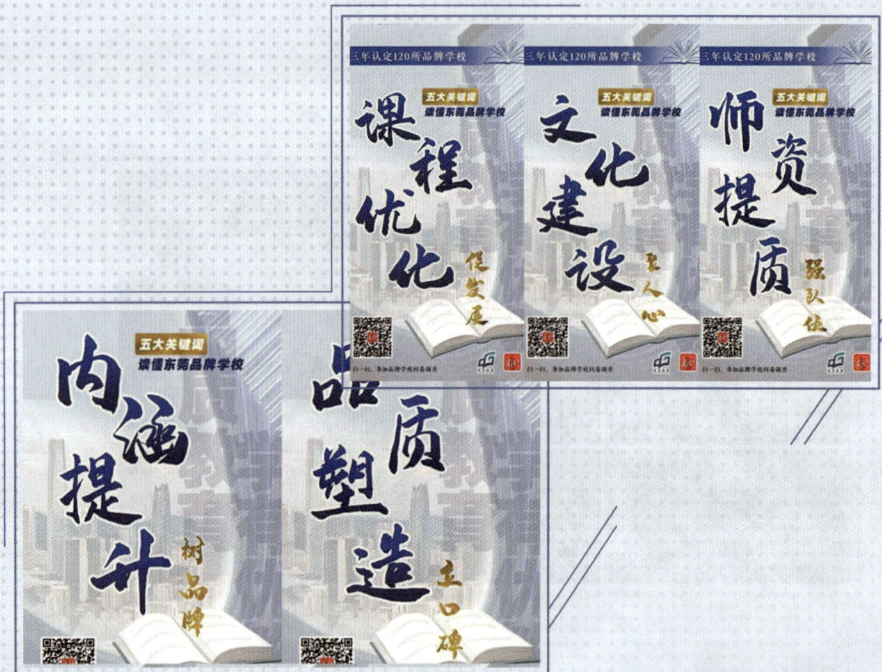

关键词17

满意度调查

为进一步总结东莞市品牌学校培育工程开展的实效及社会影响力，东莞市教育局联合南方报业传媒集团东莞分社，通过媒体合作、社会参与、学校发动等多种方式，在全市中小学范围内以及面向社会公众开展“品牌学校项目”满意度调查，对项目实施开展做全方位、全过程调查。据统计，本次调查共收到问卷274 223份，参与调研人员包括东莞市各中小学在校学生127 707人、家长133 910人及教育工作者12 606人。超80%的受访家长认为孩子所在学校在创建品牌学校过程中的口碑和声誉有提高，超95%的教育工作者认为品牌学校培育工程契合教育高质量发展需要，更好助力东莞向“学有优教”目标迈进。

关键词18

品牌辐射

从品牌学校的区域划分来看，东莞从教学质量、校园文化、办学特色等方面遴选出的超百所品牌学校充分兼顾区域间的平衡。东莞政府也是希望通过品牌学校来影响带动更多的学校，扩充优质教育资源，更好地满足人民群众日益增长的对优质教育的需求。品牌学校也充分承担了优质教育资源示范和辐射效力，积极参与到集团化办学、结对帮扶等教育资源优化均衡的改革中来。在2022年8月公布的东莞市第二轮集团化办学名单中，共有48所品牌学校成为龙头校，带动超过88所成员校共同进步。

第二部分

品牌路径

一、构建·高品位办学：

为学校发展涂上品牌底色

作为城市公共服务体系的重要组成部分，教育承载着广大市民的热切期盼，其发展目标、发展样态和发展方式也被赋予区域的特质和烙印。作为东莞市教育扩容提质的重要工程，品牌学校培育工程被列入2018年政府工作报告。

从一开始，东莞市委市政府便给予该项目非常明确的指示：要加大本土教育品牌培育力度，进一步发挥优质学校的带动牵引作用，选取一批办学基础好、办学成效突出、社会口碑好的学校，通过重点指导培育、内涵式发展，推动优质特色办学，树立学校教育品牌。

理念创新是学校管理创新的前提，自2019年12月正式认定首批30所品牌学校，东莞用三年时间培育认定三批共120所品牌学校。通过探讨学校品牌的内涵和外延，梳理升级学校办学理念、办学文化、办学特色、办学目标，构建创新学校课程、师资发展、学生活动、评价体系，为学校发展涂上品牌底色，提升引导学校迈向发展新阶段、新高度。

1. 顶层设计强化品牌理念与共识

品牌学校培育和建设的过程，正是启发和帮助一批学校增强内驱力，树立更加高远的目标、突破发展瓶颈，实现更高质量发展的过程。

在这个过程中，首先就是要树立品牌发展意识——要敢于直视学校办学水平达到一定程度后的发展局限，执着思考如何通过不断优化治校，突破临界点、迈上新台阶。

以学校品牌培育为支点，从顶层设计强化品牌理念与共识，对不同办学层次的学校来说，都是一次审视自我发展的契机；而对东莞教育来说，也是一次推动全市办学水平、办学声誉提升的主动出击。

◎凝练内涵焕发学校新生机

1902年办学，至今走过120年办学历程，中共东莞第一个支部在此诞生，孕育出莞邑大地的革命史诗，毛炳权、何镜堂等多位中国工程院院士从这里走出……经过几代人的传承与创新，百年老校东莞中学依然生机勃发，成为学生家长心之所向的学府。

时光荏苒，百年办学一脉相承，步入21世纪，东莞中学开始思索如何办一所与社会发展相适应的、与世界先进教育对话的国内一流学校。2004年，学校

□20世纪40年代东莞中学校门　　（资料图片）

□东莞百年老校石龙镇中心小学（蓝浩桉　摄）

系统提出办学理念、办学宗旨、办学目标，倡导对每一位学生的终生发展负责。

15年后，新的问题摆在眼前，什么样的人能够适应社会未来的竞争？学校如何实现自我的突破与持续焕发活力？以品牌学校培育工程为契机，东莞中学结合厚重的办学历史与特色，从原点思考教育价值，提出“守护教育终极价值，构建教育生态平衡”。以满足学生发展需要的多元化教学模式、课程体系为抓手，学校不断激发团队活力，实现自我突破，打造师生共同成长的内涵式发展平台。

在东莞，和东莞中学一样拥有百年办学历史的学校共有18所，对于百年老校来说，打破发展局限、让学校持续焕发活力，需要思考与行动；对于数量庞大的其他学校来说，厘清办学思想、树立科学发展观、制定发展目标和规划，同样至关重要。

从传统农业大县蜕变为国际制造业名城，东莞教育不乏丰富的文化底蕴与基础，而相比起教育发达地区，进入新时期，多数学校在对办学思想、办学理念、办学特色、校园文化和品牌内涵的打造中，呈现出不够科学、不够清晰、品牌意识不强、凝练升华不够的短板。品牌学校培育工程则直击东莞一批学校发展的现实需求，通过内涵凝练，实现办学顶层设计的脱胎换骨，破解学校发展的重点和难点。

对于东莞中学来说，创品牌的过程就是解决问题的过程，这正是东莞品牌学校培育的关键——找准学校品牌培育的着力点和内在特征，丰富学校品牌的内涵和外延，以系统的方案与理论为指引，补短板、强弱项、固优势，优化学校治校力，引导学校迈向发展新阶段、新高度。

以品牌学校培育为支点，对不同办学层次的学校来说，都是一次审视自我发展的契机；而对东莞教育来说，这是一次推动全市办学水平、办学声誉提升的主动出击。

在首批品牌学校培育认定中，30个名额吸引了142所学校竞争，品牌学校犹如一股热浪，不断激活学校的内驱力，启发品牌意识、形成你追我赶的品牌塑造氛围，高效的执行力推动东莞教育迈向品牌化时代。有校长直言品牌学校的创建不在于这块“牌”，更重要的是“突瓶颈，谋更高发展”，基于学校办学成效与经验成果，选择站在一个更高的起点上去探讨品牌，可以让学校走得更远、走得更稳。

三年分三批培育认定120所品牌学校，包括普通高中22所、初中33所、小

□长安镇中心小学的英语课堂　　（孙俊杰　摄）

学65所。120所学校分布在全市各大片区，涵盖不同类型与不同层次学校，其中有以东莞中学、莞城中心小学等为代表的百年名校，在高位发展中谋求办学突破；也有松山湖中心小学、长安镇中心小学、大朗镇中心小学、塘厦镇中心小学、常平镇中心小学等一批数量庞大、引领区域教育的镇街中心校，它们以紧迫的意识投身品牌学校创建，持续践行中心校的担当，在主动作为中实现了办学的更上台阶；还有凤岗镇镇田小学、大朗镇巷头小学等作为乡镇学校品牌化发展的标杆，他们突破自身资源局限性，不断寻求发展理念更新，通过教育技术和管理方式的更新，实现了弯道超车，走出了特色发展之路。

◎群策群力共筑发展虹桥

作为城市公共服务体系的重要组成部分，教育承载广大人民群众热切期盼。截至2021年底，东莞市共有各级各类学校1915所，在校师生199万人。通过品牌学校培育扩充优质教育资源，尽可能满足人民群众对教育多样化和个性化的需求，让群众有多元的选择，也是品牌学校培育的现实需要与基本要求。

对于教育部门和学校来说，品牌学校培育工程不是简单地贴一个口号或标签，而是要迈出扎扎实实的步伐，追问学校发展逻辑，形成可落地、可执行、可持续的助力学校办学提质的解决方案。通过制度完善、资金保障、资源联动、家校携手等群策群力，共筑东莞品牌学校培育工程的发展虹桥。

首先在制度设计上，对品牌学校申报设置条件，提出五个维度的指引，包

□东莞市常平中学品牌开放日，学生社团活动展示
（孙俊杰　摄）

括办学基础好、办学成效突出、社会口碑好、内涵式发展和优质特色办学；经过一年培育，由教育部门组织相关专家评定组，从教育理念、管理体系建设、德育体系建设、课程体系建设、课堂文化建设、环境体系建设、社会影响七大方面对培育对象学校进行详细考察，并对培育学校管理团队开展答辩，最终确定各批次品牌学校名单。

其次在资金保障方面，东莞市财政设立1亿元专项资金，支持品牌学校培育工程开展，经认定的每所品牌学校培育对象可获得60万元资助，被认定为品牌学校后，再给予30万元资助。

第三，针对品牌价值传播，教育部门联动南方日报、东莞日报等省、市级权威媒体，为品牌学校培育建设定制了一整套内涵式、立体化、个性化、全链条的品牌传播体系。以“品质教育，学在东莞”为品牌传播核心理念，打造了政府、学校、专家智库和权威媒体于一体的品牌培育共同体。

以第一批30所品牌学校为例，横跨9个月的“东莞品牌学校首批培育对象校园开放日”直播系列，以富有节奏的场景营造，以课堂观摩为标配，展示了东莞高质量的教学水准。依托于开放日直播形成的东莞教育矩阵，成为各学校主动传播品牌培育动态的窗口，活跃东莞教育生态，传递东莞品质教育声音。

最后，家、校、社联动助力也成为东莞学校品牌培育中浓墨重彩的一笔。在东莞市教育局联合南方报业传媒集团东莞分社发起的“东莞品牌学校项目”满意度调查问卷，就“家长是否了解孩子所在学校品牌培育工作”调查中，共133 910名家长参与调查，有近九成家长对学校品牌培育工作有充分了解。

问题	选项	学生	家长
是否了解所在学校的品牌培育工作？	了解	74.59%	86.32%
	不了解	25.41%	13.68%

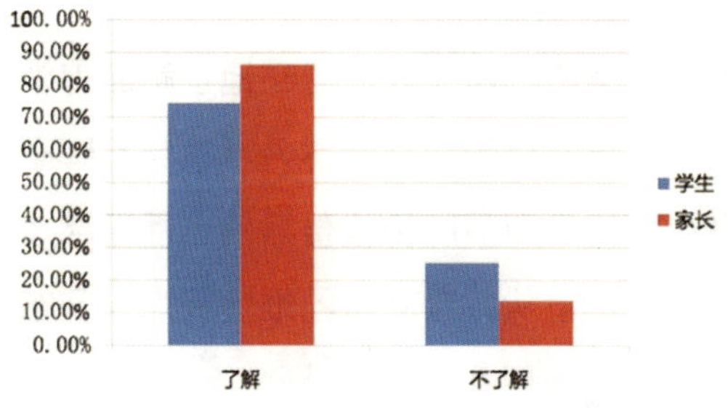

□在“东莞品牌学校项目”满意度调查中，有86.32%家长了解学校品牌培育工作

□下雨天，家长志愿者护送上学的学生进校园　　（孙俊杰　摄）

以第二批品牌学校东莞市可园中学为例，该校建立“学校—年级—班级”三级家委会，创办“家长学校”。围绕“可园梦”教育品牌打造，充分发挥家校共同体作用，可园中学每年都会组织开展家长开放日，让家长走进校园、了解学校，走进课堂、关注教育，走近孩子、倾听心声，也在深入参与学校教育教学中优化教育理念、提升自我涵养和教育能力，共筑“可园梦”。创办于2003年的凤岗镇镇田小学，原为一所由村委会主办的农村小学，创校同年学校成立校级家委会。经过近20年运营，家长力量已经成为学校办学的重要支持力量。在打造以“田”文化为载体的“力行教育”中，学校家委会、志愿者服务队、家长义工队成为该校家校品牌三张闪亮名片。还有学校充分发挥资源优势，联合家长开发校本课程，如东莞外国语学校、沙田实验中学，两校充分活化家长“专家”优势，邀请家长担当校本课程导师，参与学校教育教学工作与品牌培育打造研讨。

多方联动以及开放式、多样化的宣传推广，让公众能通畅地了解品牌学校培育项目、参与学校品牌打造、见证品牌辐射引领。群策群力，东莞品牌学校培育工程实现了学校内涵探究、教育品牌输出和品牌价值传播的良性循环，构建了共建共治共享的教育发展与治理格局，也从教育品质的维度极大提升东莞城市吸引力和影响力。

◎开放包容迈向品质新高度

理念创新是学校管理创新的前提，没有理念创新就没有体制与机制创新。东莞品牌学校培育工程的顺利开展，一方面有基于教育部门的紧密指引，家长、社会资源的联动助力，另一方面离不开国家和省内高等院校、教研机构专家智囊的倾力支撑。

从顶层找准学校品牌培育的着力点，增强培育工作的科学性和实效性，通过借智高端，打造更加开放、包容、多元的品牌生态和品牌文化，这也给更多学校带来打开校门、走出校门办教育的启发，以更高站位推动学校迈向发展新高度。

2019年4月，开启品牌学校培育后，东莞举办了首届品牌学校高端研讨会，30名品牌学校培育对象校长齐登台，接受来自北京师范大学中国教育创新研究院的专家团队现场答辩，这也是东莞品牌学校工程推进后首次系统的开展高端专家指导活动。研讨会持续两天，校长团与专家团在“1对n”答辩、分组讨论中碰撞问题、交流解决方案，形成品牌打造共识：品牌学校建设要突出差异性；品牌成果要面向学生、家长和社会；品牌推介要提炼核心要点，展现学校的突破与创新。

□东莞中学松山湖学校的机器人课程，老师正在讲解机器人视觉识别系统　（东莞市教育局供图）

□北京是中国教育探索学校品牌化、特色化最早的区域，东莞品牌学校校长团积极“走出去”借智高端
（孙俊杰　摄）

在“请进来”之后，校长团积极“走出去”。北京是中国教育探索学校品牌化、特色化最早的区域，从特色学校到集团化办学，都在全国教育领域具有权威的借鉴意义。2019年11月，东莞组织了品牌学校校长、骨干成员组成的80人团队远赴北京，开启为期7天的北京研修之旅。

通过实地走访北京名校，与名校长面对面交流，学术和实践知识的融合，激发校长和管理骨干深度思考教育品牌价值与力量——卓越的教育情怀与创新的理念发展结合，成为研修团成员对品牌价值的集体共识。而利用研修机会找共性、思差异、寻路径，也进一步促进东莞校际之间的交流。

品牌在于培育，更在于思考。对于学校而言，品牌培育也是不断借智高端，用先进地区教育理念、实践经验充实自身，不断谋求发展变革，不断内化创新的过程。在这一过程中，秉承开放包容的办学思想，不少学校通过举办讲座、论坛，邀请专家、学者入校探讨教育热点与品牌突破口，谋划办学新未来。

在东莞市第六高级中学，学校专门邀请专家入校，为全体教职员工开展“品牌学校建设理论与实践指导”专题讲座。讲座围绕“学校文化影响力、教

□在品牌培育过程中，东莞市第六高级中学邀请专家入校，对“善远教育”品牌培育给予指导

（东莞市第六高级中学供图）

师核心技术、家长核心影响力、学生关键素养”四大核心变量重建“教育生态圈”开展，对该校“善远教育”品牌培育建设与发展规划给予指导；东莞中学松山湖学校通过沙龙活动，邀请大学教授、企业老总、行业专家展望未来，探讨如何更好的利用好社会资源，创新“卓越教育”未来课程的内容与形式，共建共育创新人才。

品牌学校校园开放日是对学校既有办学成果的呈现，也让学校站在更高层面去思考教育，释放学校影响力、带动力。比如松山湖实验中学在开放日上展示智慧课堂，同时组织专家进行智慧课堂评课交流；香市小学在开放日举行“本香文化与本香课程”主题报告；大朗中心小学则将“和美教育”与主旨演讲结合，与专家、教育同仁深入探讨学校品牌内涵与外延。

星星之火，可以燎原。品牌学校培育工程有终点，学校品牌的持续打造提升没有终点，学校品牌价值的持续挖掘深化没有终点，120所品牌学校如东莞教育的星火，在不断自我更新和自我重塑中，进一步提升学校办学影响力，通过活动开展、信息交互和资源共享实现品牌价值的辐射引领，为讲好东莞教育故事，擦亮莞邑教育品牌，持续贡献智慧和力量。

2．找准基于品牌逻辑的特色发展路径

找准学校品牌培育的着力点和内在特征，丰富学校品牌的内涵和外延，通过系统的方案与理论指引，帮助学校找到适合自己的发展路径。三年，东莞共培育认定120所品牌学校，打造了120个各具特色的教育品牌。

可以说，品牌学校建设从一开始便直击品牌培育的基本逻辑，并将品牌培育过程的思考、探索和成果，汇聚成教育品质提升的经验。富有前瞻性、高水平的学校品牌以及区域教育品牌建设，书写了一个个东莞教育品牌故事，形成品牌培育从学校探索到集体行动全覆盖的实践样本。

◎品质引领深化区域领先格局

莞城是东莞历史文化汇集地和教育发展的高地，2003年成为东莞市首批广东省教育强镇，2013年率先通过“东莞市推进教育现代化先进镇（街）”评估。长期以来，莞城以文教为强区之基，坚持教育优先发展战略，把“学在莞城”品牌建设作为重点工作纳入经济社会发展总体规划，保持了教育在全市的领先优势。

□2009年开始莞城中心小学以教师成长为切入口，用10年左右时间开发了115个教师品牌，充分彰显名师立校的沉淀

（孙俊杰　摄）

□莞城步步高小学坚持文化立校、课程立校，学校以文雅课程体系托起“文雅”教育品牌

（孙俊杰　摄）

□莞城英文实验学校的品牌课程——小学特色戏剧课程

（孙俊杰　摄）

对于区域教育发展来说，拥抱先进的办学理念，对内是凝聚力、向心力，对外就是核心竞争力和品牌影响力。围绕“培养名师，创建名校，打造‘学在莞城’品牌”的思路，自2006年以来，莞城持之以恒地推动各校以先进的教育思想指导办学，并于2014年提出《莞城区学校内涵发展指导性指标》，指导各学校按“拓荒地、补短板、站高位”的思路研究制定学校内涵发展措施。

以先进的办学理念统领学校的制度、文化、课程、队伍、特色等建设，莞城各学校在创建名校品牌、学科品牌、教师品牌、校园文化活动品牌等方面凸显出各自优势，形成你追我赶的教育氛围。

在东莞品牌学校培育工程中，先行的品牌基础与优势让莞城多校脱颖而出，实现办学高位发展。辖区内莞城中心小学、步步高小学、英文实验学校、实验小学、建设小学等5所学校先后被认定为品牌学校，品牌学校数量位居全市前列，形成百花齐放、整体领先的办学格局。

莞城中心小学，校园内古榕苍翠、宝塔流光见证百年学府的办学口碑，从2009年开始学校以教师成长为切入口，用10年左右时间开发了115个教师品牌，充分彰显名师立校的沉淀；莞城步步高小学坚持文化立校、课程立校，从五阶课程、博雅课程、3H课程到文雅教育课程体系，学校用课程托起“文雅教育”品牌；莞城英文实验学校以英语特色见长，戏剧教育名声在外；莞城实验小学持续做好“实验”文章，致力于互联网＋教育的探索，打造“智行教育”品牌；创立于1998年的莞城建设小学，学校走过了一段开拓、发展、创新的历程，集结成“立美教育”品牌特色。

以改革创新总揽教育工作全局，先行先试让莞城享受到品牌教育的红利。进入后品牌时代，围绕品牌学校开展的区域教育提质仍在继续，通过组建教育集团、托管等方式，最大程度释放品牌学校价值。

依托以上5所品牌学校，目前莞城建立了5个教育集团，实现集团化办学全覆盖，扩大了品牌学校“扬强、扶弱”的作用，走出了一条品牌学校教育集团化办学的成功路径。

作为东莞教育优势发展的典型代表，抓住品牌学培育工程这一全市行动带来的新发展机遇，在高位中谋求办学的特色转型，莞城教育基本实现了外延发展和内涵发展的协调推进，在教育质量、教育效益、教育公平、教育特色等多

□2021年4月22日，全国第四个综合性国家科学中心——大湾区综合性国家科学中心先行启动区（松山湖科学城）全面启动　（孙俊杰　摄）

□东莞中学松山湖学校的多媒体课堂　　（孙俊杰　摄）

个方面，形成教育高质量发展的区域特色和发展成果，以品质引领持续打破办学“天花板”。

值得关注的是，围绕品牌学校培育各镇街纷纷行动，通过强化顶层设计、夯实策略创新，整体推进教育内涵发展。比如寮步镇，在培育特色品牌上大力推进星级特色学校创建，重点扶持镇级“写字教育”“读写工程”两大项目，鼓励学校结合实际打造其他特色项目，做到“校校有特色，全镇有品牌”；厚街镇通过建立协作联盟，群组式推进品牌建设，将全镇25所中小学根据“创品牌”主题加以整合，组建品牌群，形成诵读类（7所）、艺术类（7所）、活动类（4所）、科技类（7所）等4类品牌学校建设协作联盟，走出了一条同中有异、异中存同的个性化品牌发展之路。

◎协同创新提升核心竞争力

2021年4月22日，全国第四个综合性国家科学中心——大湾区综合性国家科学中心先行启动区（松山湖科学城）全面启动，一座对标国际一流的科学城正加速崛起。在这片热土上，大科学装置、大科研平台迎来收获，高水平大学、新型研发机构、龙头企业加速汇聚，科学家、教授、企业家、名校硕士博士等海内外人才慕名而来，加速构建起全链条、全过程、全要素创新生态。

□松山湖实验中学的英语戏剧课堂　　（孙俊杰　摄）

教育作为松山湖科学城创新生态中的重要一环，面向未来的人才培养与未来教育范式打造备受瞩目，也承载着东莞高质量发展的期待与展望。不同于“学在莞城”的历史沉淀与延伸，在东莞品牌学校培育过程中，松山湖将地域优势与区域教育特质结合，走出了另一条特色发展路径——以协同创新提升核心竞争力，实现教育发展与区域发展共融共生向未来。

当前，松山湖共有品牌学校5所，分别是东莞中学松山湖学校、松山湖实验中学、松山湖中心小学、松山湖实验小学、松山湖第一小学，地处松山湖这片创新热土，各学校教育品牌打造也呈现出相似的特质。具体来看：

创办于2005年的东莞中学松山湖学校，在进入办学的第四个五年阶段，学校定下“追求卓越”的目标，搭上东莞品牌学校培育的东风，衍生“卓越”教育，关注学生生命的成长；

于2015年办学的松山湖实验中学，拥有一批极具创新活力的青年教师和富有创业热情的家长群体，学校提出实施“创造教育”，培养具有国际视野、创造性人格的学生；

立足学生科学精神、人文素养、艺术品质、健全体魄的综合培养，松山湖中心小学提出创建生态校园，打造“全人课程”，营造关注孩子整体生命成长

□松山湖实验小学的课堂　　（孙俊杰　摄）

的环境；

秉承“自主、和谐、共同发展”的办学理念，松山湖实验小学主打“无痕教育”特色，对学生进行浸润式涵养教育，关注每一个学生生命发展的全程；

以生态化教育理念为引领，推动跨学科融合的全课程落地，作为全市最年轻的品牌学校，松山湖第一小学提出让教育实现无限可能，将学校打造成为学生成长的乐园、教师追梦的沃土。

从“卓越”到“创造”、从“全人”到“无痕”“生态”，浸润于浓厚的创新与科研氛围之中，松山湖每一所品牌学校都呈现相对前沿又独具特色的教育理念、教育思想，并衍生出优势的课程体系。借助辖区高等院校、产学研研究院、高新科技企业云集的先天区位优势，各学校还积极整合利用周边社区资源开展教学，与高新企业达成合作，实现校本课程开发、学生活动共建。以松山湖实验中学为例，目前学校开展的校本课程中，有15门荣誉课程的授课教师是来自各领域的专家、学者、行业精英。

培养适应未来发展的创新人才，各学校有所同、有所不同，在锐意进取、埋头实践中，学校文化特色与品牌价值进一步深化，并形成合力助力区域教育核心竞争力提升。

自2017年开始，松山湖开始探索教育统筹发展之路，其与石龙、寮步、大岭山、大朗、石排、茶山等周边6镇组成的松山湖片区，成为东莞首个跨园镇“教育统筹改革”试点片区。2018年松山湖中心小学与寮步镇西溪小学在共建基础上签约集团化办学，开启松山湖优质教育资源的辐射引领。

依托于品牌学校的资源优势，东莞中学松山湖学校教育集团、松山湖实验中学教育集团、松山湖无痕教育集团、松山湖中心小学教育集团、寮步镇香市中学教育集团、大朗镇中心小学教育集团、大岭山中学教育集团、茶山中学教育集团等悉数成立，形成“协调、开放、共赢”的教育均衡发展新局面。

◎特色再塑成就学生多元发展

品牌是学校文化的载体，是学校内在品质的外在表现，也是学校教育理念、办学特色、教育质量和发展水平等综合实力的体现。对于学校来说，建设品牌学校，是提升学校核心竞争力的现实需要，如何找准学校办学定位、找到基于办学特色的品牌着力点，是破题的第一步。

□学校围绕区域特色、产业特色、城市名片等不同要素，打造契合自己的品牌　（谢淦勋　摄）

在东莞品牌学校培育与建设中，不同层次、不同区域学校，走出了一条差异化的发展之路。有一批办学基础好、办学口碑好的学校，从学校办学经验成果中汲取养分，实现了对既有品牌的升级迭代。也有学校围绕区域特色、产业特色、城市名片等不同要素，打造契合自己的品牌。比如毗邻黄旗山的地理优势，东莞市第二高级中学打造“问峰教育”；万江第五小学依托于东莞市最大茶叶市场，将茶文化引入校园，倡导“茶香润美·书墨人生”，打造“润美教育”；传承厚重的水乡文化，万江扬帆、梦想启航，万江中学推出“扬帆教育”品牌。还有一批学校强化特色发展，以品牌培育建设为抓手，通过特色再塑成就学生发展多样性。

2002年成功组建东莞市首个高中艺术班；2007年成立东莞市第一个融合音乐、美术、体育和文化科老师的艺术级组，独立管理、教学和备考；2008年成为第一所面向全市招收艺术特长生的中学……这些成绩来自东莞市第五高级中学，以“慧美育人，育慧美人，让慧美浸润生命”为品牌理念，五中打造“慧美教育”品牌。强化艺术教育对学校的发展引领，五中收获了品牌学校的荣誉称号，也迎来“东莞市艺术中学”的挂牌，结束了东莞没有专门的艺术中学的历史。

围绕个性化艺术人才培养，该校推出“大师班”培养计划，为有基础、有潜力的特长生量身定制培养方案。此外，五中还积极探索艺术学科与文化学科相互促进、同步发展，意在让每一位学生都浸润在艺术氛围中，拓宽成长成才之路。

塘厦镇第三小学，是首批全国青少年校园足球特色学校，围绕“彩虹教育”品牌建设，学校推动足球文化的校园普及，积极建构和实施的“普及＋特长”的体育课程，并以课题引领学校足球文化建设，将足球教学纳入校本研训体系，通过足球促发展的科学之路，深化充实学校办学特色与内涵。“彩虹教育”育阳光开朗、坚韧睿智的“彩虹少年”，近三年学校足球队参加了22场比赛，共获得国家级奖项2个，省级奖项2个，市级奖项7个。其中一名同学入选现役中国青年男子足球队，一名同学入选全国校园足球最佳阵容，学校还为广州队、广州城等专业足球俱乐部输送年轻的后备人才。

在南城，辖区教育管理中心从“阳光教育品牌”整体思路出发，统筹全区域品牌学校建设，通过“一校一品”“一校一特”实现了辖区品牌学校建设的和而不同、美美与共。其中，倡导教育从“心”开始的南城阳光第七小学主打

□南城阳光第七小学组建专业“户外体验活动训练课程”教练团队，打造心育品牌特色
（南城阳光第七小学供图）

心育品牌特色，学校不仅建设有占地面积约420 ㎡且配套齐全的心理健康教育场馆，还组建了专业的“户外体验活动训练课程”教练团队，构建“课堂训练课程”和“活动训练课程”，形成完善的“体验践行心育”模式，让师生在舒心的环境下、贴心的课程里、走心的活动中更好地体验、感悟、成长。

【经典案例】

东莞中学初中部古梅一中：名校文化渗透迎来办学革新

秉承莞中百年优良传统，东莞中学初中部经过多年发展，名师云集、学风优良、成绩斐然，被认定为东莞市首批品牌学校。名校文化是一种宝贵的社会公共资源，2019年麻涌镇古梅一中正式由东莞中学初中部托管，开启集团化办学，更名为“东莞中学初中部古梅一中”。

延续东莞中学初中部的办学理念和“一训三风”，传承东莞中学初中部的优秀办学精神，以文化引领古梅一中实现办学革新。基于多年的办学基础、师生需求和发展愿景，全面培育、创建古梅一中“善美教育”品牌。

时时处处得以看见，文化认同由心而生。校园空间是善美文化的物质载

□古梅一中倾力打造以“善美”为主题的校园环境 （麻涌镇供图）

□古梅一中构建了教师荣誉、教师成长培训和教师科研支撑三大体系，倡导教师以崇善向美作为行动准则，不断锤炼自己的师德师风，提升自己的师才师能　（麻涌镇供图）

体，为建设浸润体验式育人环境，古梅一中倾力打造以“善美”为主题的校园环境，“行善美之事，修善美之德，终为善美之人”的价值导向在校园空间流淌，以无声的教诲向师生娓娓道来。

践行善美文化，所靠无他，而是生活在校园之中的一个个真实的师生个体。

如何能称得上是一名“善美教师”？须得“致远、坚韧、高雅”的特质，达到“严于律己、勤于学习、细心团结、实干创新”的要求——这是古梅一中对善美教师培养和评价的标准。为了打造优秀精进的“善美教师”队伍，学校构建了教师荣誉、教师成长培训和教师科研支撑三大体系，倡导教师以崇善向美作为行动准则，不断锤炼自己的师德师风，提升自己的师才师能。

作为育人的重要环节，善美课程体系则为学生行“善美”文化创造了实践载体。除了创新性实施国家课程和地方课程，学校还开发并实施了涵盖创造性、体验性、传统文化等特色的校本课程。总览课程体系，横向维度围绕“善”将课程划分了功能模块：善学——基础课程、善思——特色课程、善行——活动课程；纵向维度围绕“美”将课程内容分为“美言、美智、美勇”三大板块。每周设有2节校本课程课，学生可以选修近30门课程，让学生在音乐中享受空灵，在书画中享受宁静，在田径体育中爆发激情，学生的多彩个性在课程学习中得以张扬，也让其在体验中不断收获新的感悟，不断加深自身对“善美”的理解和认识。

随着《教师岗位目标考核评价方案》《善美教学评价方案》《班主任管理手册》《善美少年成长手册》《善美之星评价方案》等一系列科学的管理制度的出台，学校工作也更加规范化和精细化，各项工作“大处着眼，小处着手，小事做细，细事做精”。管理过程坚持“多激励”“少评比”“少批评”“少说教”，将“善”与“美”融入管理文化，形成“善美雅和，自主发展”的良好校园氛围。

集团成立以来，作为龙头学校的东莞中学初中部多次对古梅一中进行深入调研，并制定实施集团化办学工作方案，努力实现集团两校管理共建、德育共进、教学共通、文化共育，在品牌培育的每一步提供支撑力。随着“善美教育”这个独属于古梅一中的教育品牌在此生根发芽，与学校气质相容，同师生成长共进，名校文化的强劲渗透力也得以显现。

三年来，集团化办学取得丰硕成果，品牌培育效果显著。东莞中学初中部古梅一中成功获评东莞市第三批品牌学校、东莞市首批中小学“品质课堂实验学校”等荣誉。善美教育品牌俨然成为水乡片区一枚亮丽的教育名片。

【经典案例】

莞城步步高小学："教育＋文化"建构办学新特色新未来

东莞，因地处广州之东，境内盛产莞草而得名。莞草在东莞文明发展史上有着重要作用，莞草编织技艺也是广东省非物质文化遗产。

2021年10月26日，在莞城步步高小学建校75周年庆祝活动上，作为重头戏之一，"莞草e博园"于当天正式开园——这是东莞首个在校"非遗"主题场馆，为学生开展莞草跨学科融合学习提供了有利的资源空间；2022年7月30日，由该校师生参演的以传承莞草文化为主题的儿童微电影《莞草依依》在东莞玉兰大剧院小剧场上映。

围绕莞草文化展开的一系列教学探索与文化浸润，是莞城步步高小学立足

□莞城步步高小学的学生在学习编制莞草　（莞城步步高小学供图）

本土文化和自身基础进行课程整合的缩影和写照。而今，莞草文化已经成为学校特色校园文化打造的一张闪亮名片。其发展背后，是学校“文化立校”“课程立校”“特色立校”三者合一的有力诠释。

莞城步步高小学的前身为罗沙小学，办学历史超过七十载，学校由罗沙翟氏所办的私塾改制而来，最早可追溯至南宋。尚文重教的传统代代传承，影响至今。得益于深厚的文化底蕴，2009年以前学校确定了“文化立校”的办学思想雏形；2009年开始，学校把几十年的文化风尚积淀下来，提出了“崇文尚雅，步步登高”的办学理念，“办一所既充满现代人文气息，又秉承传统文化的书香校园”成为步步高小学的美好愿景。

以东莞品牌学校培育为契机，莞城步步高小学再一次跳出舒适区，思考未来的办学，由此开始了课程、活动、育人等一系列探索，“文雅教育”在实践探索中孕育而生。

从文雅教育出发，学校构建了“三层六类”文雅课程体系，围绕六大核心素养，形成了“博雅阅读”“绳采飞扬”“丝竹雅韵”“雅艺趣赏”“博能实践”“莞草艺术”等支撑学校高品位发展的品牌课程群，学校课程文化呈现多元共生的生态。

其中，“莞草艺术”源于2017年起便探索开设的“莞文化寻根之非遗莞草”课程。如今，该课程已成为学校的特色美育课程，并入选2020年广东省非遗进校园十大精品案例。

一如非遗主题的“莞草e博园”，莞城步步高小学还打造了诸多文化空间，它们是没有讲台、精致舒适的传统教室，是会讲故事的长廊，是开放共享的走廊美术馆、大堂音乐厅……从文化标识、人文环境到班级文化、场室建设，均以“静雅”为基调，以最大限度彰显出“环境文化育人”的魅力。

学校认为，学习可以发生在校园的任何一个角落，要让学习者所处的校园是一个开放获取、自由参与、互动交流的环境。“无边界”在这里被视为新时代价值教育的应然状态。

在校本化课程实施中，“无边界”也让学校突破“教师角色”的传统定义，实现开放课堂，与社会各界文化人士建立起“育人共同体”机制。如“莞草”课程教师既有学校的艺术教师、全学科教师，也有莞草编织的民间老艺人、莞草种植基地的园丁、非遗中心的专业人员、广美非遗研究院的教授等。文化资源在“无边界”的教育环境中得以自由流动，让文化在校园自然生长。

□莞城步步高小学的学生在扎具有浓郁地方文化特色的花灯 （莞城步步高小学供图）

可见，学校与生俱来的文化气质在“文雅教育”品牌的特色加持下，正不断为其教育品质提升赋能。锚定目标，奔向理想，当前步步高小学正朝着全省理念先进、特色明显、文化品位浓、知名度高的现代品牌标杆式学校不断迈进，带着“文雅教育”名片走向全国。

二、激活·高质量发展：活力激发和资源统筹

东莞品牌学校，是在现有的特色学校基础上培育起来的一批兼具先进办学理念、鲜明发展特色、突出办学成效、良好社会口碑的学校。基于对教育优质均衡发展的追求，这些学校能否充分发挥品牌示范效应，通过建立行之有效的辐射带动机制实现以强带弱、以强培新、以强出强，是品牌学校培育工作的重要价值考量。

教育要素不能只是单向流动，而是强调耦合协同。对于拥有特殊行政架构的东莞来说，如何在不稀释品牌学校原有资源的前提下，通过科学、高效、协调的手段实现更多优质资源的合理配置，盘活教育"一盘棋"，更考验各镇街、园区的教育治理能力。

当前，聚焦"学有优教"发展目标，东莞正以打造"品质教育"为发展战略，以扩容提质为发展主题，以集团化办学为发展策略，发挥优质品牌学校的辐射带动作用，快速扩大优质教育资源供给，促进全市基础教育高质量发展。以品牌学校为原点，通过集约化、规模化、精细化、可持续的治理体系，实现优质教育资源区域内纵向融通，区域间横向联动，东莞正在下好先手棋。

1．品牌化、集团化激活优质资源

在东莞深入推进教育扩容提质中，集团化办学与品牌学校培育工程同步进行。2018年东莞开启第一轮中小学幼儿园集团化办学，一批品牌学校作为龙头校组建教育集团，推动集团化办学提质增效。

2022年8月26日，东莞市第二轮中小学幼儿园集团化办学启动，70个新组建的教育集团、共207所成员学校，不仅实现东莞镇街园区全覆盖，还辐射到省内韶关、揭阳，开启跨市集团化办学新模式。其中，以品牌学校为龙头的教育集团有48个，集团内成员单位88个。

从品牌化到集团化，实质上是由个体辐射集群，最大化激发薄弱学校办学活力，深化品牌学校的示范引领和龙头作用，进一步扩大优质教育资源要素在区域间的共享和流转，最终解决区域优质教育高质量均衡发展的重大课题。

◎ 多元模式灵活组建教育集团

2017年9月，中共中央办公厅、国务院办公厅印发《关于深化教育体制机制改革的意见》，明确提出改进管理模式，探索集团化办学。集团化办学逐渐从区域教育行政部门推进优质教育资源均衡发展的“地方经验”，上升为在全国范围内推广实施的重要举措。同年11月，《广东省人民政府办公厅关于增加幼儿园中小学学位和优质教育资源供给的意见》提出，以优质品牌学校为龙头组建办学集团，带动区域内薄弱学校和新建学校共同发展。

东莞积极落实国家和省的工作部署。2018年，“推进教育集团化办学”被写入东莞市政府工作报告，随后全市教育工作会议提出制订集团化办学实施方案，形成激励机制，搭建集团组建框架，开展集团化办学试点。同年5月，市政府印发《东莞市推进中小学集团化办学实施方案》，明确全市推进集团化办学的实施路径、时间表和路线图，采取“名校＋分校”“名校＋新校”“名校＋弱校”“名校＋民校”等形式来组建教育集团，设立1.2亿元中小学校集团化办学专项资金。在6月举行的全市教育扩容提质推进会上，南城、东城、寮步、莞城、东城、松山湖6个镇街（园区）分别与东莞中学、东莞外国语学校、松山湖中心小学、莞城英文实验学校、东莞幼儿师范学校、东莞市青少年活动中心现场签订了集团化办学协议，标志着东莞中小学校集团化办学正式启程。

第一批品牌学校

集团化办学龙头学校	教育集团成员学校
东莞市莞城英文实验学校	东莞市莞城平乐坊小学、揭东区龙尾镇龙珠中心小学
东莞市莞城中心小学	东莞市莞城和阳小学、揭东区新亨镇硕联小学
东莞市莞城实验小学	揭东区第二小学
东莞市莞城步步高小学	东莞市莞城阮涌小学
东莞市万江第五小学	东莞市万江第六小学、东莞市万江第八小学
东莞市凤岗镇镇田小学	东莞市凤岗镇雁田小学
东莞市塘厦镇中心小学	东莞市塘厦第二实验小学、韶关市始兴县顿岗镇中心小学
东莞市常平镇中心小学	东莞市常平镇桥梓小学、东莞市常平镇袁山贝小学
东莞外国语学校	东莞外国语学校东城分校(筹)、东莞市滨海湾外国语学校(筹)、东莞市寮步外国语学校、东莞市黄江中学
东莞中学	南城中学
东莞松山湖中心小学	东莞市寮步镇西溪小学、东莞市企石镇江南小学、东莞市大岭山镇实验小学
东莞市大朗镇中心小学	东莞市大朗镇新民小学、东莞市大朗镇水口小学
东莞中学松山湖学校	东莞市石排中学、东莞市第十三高级中学、东莞市大朗中学
东莞市茶山中学	东莞市茶山镇中心小学、东莞市茶山镇第二小学、东莞市茶山镇第三小学
东莞市长安镇中心小学	东莞市长安镇厦岗小学、东莞市长安镇第二小学、韶关乳城镇中心小学、韶关桂头镇中心小学
东莞中学初中部	东莞市麻涌镇古梅第一中学
东莞市第一中学	东莞市中堂镇实验中学、东莞市第十一中学(筹)
东莞市常平镇振兴中学	东莞市常平镇司马中学、东莞市常平镇新城学校
东莞市松山湖实验中学	东莞市东坑中学、东莞市东坑镇第三小学
东莞市石龙第三中学	东莞市石龙镇中心小学、东莞市石龙镇中心小学西湖学校
东莞高级中学	东莞市清溪中学

在全面推进集团化办学进程中，东莞通过试点先行、稳步推进的方式，首先在条件相对成熟的城区片区和松山湖片区开展集团化办学模式改革试点，先由一个龙头学校和一个成员学校组建教育集团，因地制宜、因校制宜选择和探索不同的集团化办学模式，在总结经验的基础上，逐步推广到其他片区，逐步增加集团成员学校、扩大教育集团规模，逐步形成跨区域、跨学段、跨领域的多元发展格局，形成了具有东莞特色的教育集团化办学之路。

第二批品牌学校

集团化办学龙头学校	教育集团成员学校
东莞市万江中心小学	东莞市万江中心小学滘联校区、东莞市万江第二小学、东莞市万江第七小学
东莞市石碣袁崇焕中学	东莞市石褐序伦小学
东莞市寮步镇香市中学	东莞市寮步镇石龙坑小学、东莞市寮步华衍学校
东莞市大岭山中学	东莞市大岭山镇第二小学、东莞市大岭山新风中学
东莞市虎门镇中心小学	东莞市虎门镇中心小学赤岗分校、东莞市虎门镇太平小学
东莞市中堂中学	东莞市中堂镇槎滘小学
东莞市常平镇第一小学	东莞市常平镇第三小学、韶关市曲江区白土镇中心小学
东莞市莞城建设小学	东莞市莞城运河小学
东莞市南城阳光实验中学	东莞市南城第一初级中学
东莞市沙田实验中学	东莞市沙田镇中心小学、东莞市沙田镇第三小学
东莞市可园中学	东莞市洪梅中学、东莞市道滘中学

目前，东莞集团化办学有紧密型、托管型、联盟型、复合型四种模式。紧密型即为两校一个法人主体、一套领导班子、一体化办学；托管型即集团内各学校法人不变，龙头学校向成员学校委派管理团队和骨干教师团队，通过输出品牌、管理、资源等，整体提升成员学校办学水平；联盟型是在保持学校法人、经费运行、隶属关系不变的前提下，龙头学校通过开展教师共同研训，组

织学校互动交流等方式，带动成员学校管理水平和教育质量提高；复合型则兼容了紧密型、托管型、联盟型多种合作关系。

第三批品牌学校

集团化办学龙头学校	教育集团成员学校
东莞市厚街镇前进小学	东莞市厚街镇大迳小学、韶关市翁源县龙仙第一小学
东莞市道滘镇中心小学	东莞市道滘镇小河小学、东莞市道滘镇南城小学
东莞市桥头镇中心小学	东莞市桥头镇第五小学、普宁市大坪农场梅星小学
东莞市高埗镇中心小学	东莞市高埗镇冼沙小学、东莞市高埗镇实验小学
东莞市大朗镇实验小学	东莞市大朗镇三星小学、韶关市乐昌市河南小学
东莞市中堂镇中心小学	东莞市中堂镇蕉利小学
东莞市望牛墩中学	东莞市望牛墩镇达贤小学
东莞市企石镇中心小学	东莞市企石镇星光小学、东莞市企石盛龙小学
东莞市石龙第二中学	东莞市石龙镇爱联学校、东莞市石龙镇实验小学、韶关乐昌市沙坪镇中学
东莞市万江第二中学	东莞市万江第一小学
东莞市万江第三中学	东莞市万江实验小学、东莞市万江第三小学
东莞市长安镇实验中学	韶关市乳源中学
东莞市寮步中学	韶关市浈江区韶冶实验学校、韶关市浈江区犁市大为中学
东莞市高埗镇西联小学	韶关市武江区田家炳沙湖绿洲小学
东莞市常平实验小学	东莞市常平第二小学
东莞市东城第一小学	韶关市新丰县实验小学

◎集团化办学的四个关键词

品牌学校通过集团化办学，实现了优质教育资源的重组和分配，集团龙头学校与成员学校通过理念辐射、管理共建、资源共享、平台互通，形成发展共同体，推动区域教育高质量发展。

理念辐射让成员学校择优而从、各美其美。在培育过程中，品牌学校的发展理念不断得到淬炼更新，各项品牌要素不断趋于完善和稳定，并且开始显现品牌的移植和传播特性，得到了广大师生和家长、社会的认同。在集团化办学中，这些经过考核的先进理念有效辐射成员学校，并产生了化学反应，实现各美其美、美美与共。以大朗镇中心小学教育集团为例，成员学校大朗镇新民小

□新民小学对应“五育并举”教育理念打造“五雅课程”体系。图为学生在上书法课　（新民小学供图）

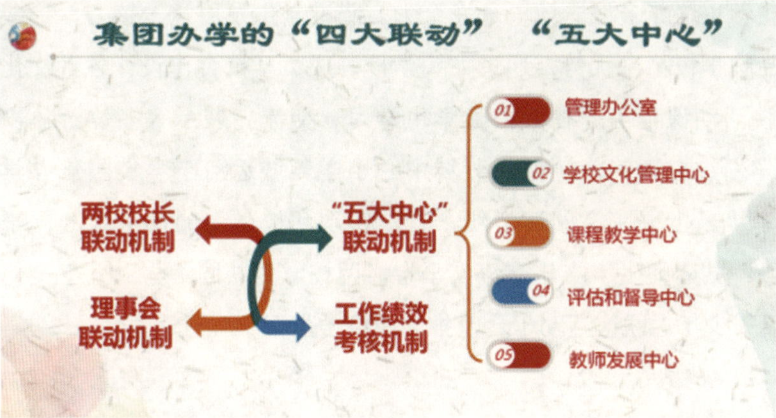

□常平镇振兴中学教育集团实行“四大联动”“五大中心”　（常平镇振兴中学供图）

学传承和借鉴中心小学“和美教育”的理念框架，又结合自身校情进行重构，提炼梳理了“和雅教育”理念体系，为新民小学的整体构建提供理论支撑和系统指引。参照中心小学和美教育课程体系，新民小学打造了品雅课程、智雅课程、艺雅课程、健雅课程以及行雅课程在内的“五雅课程”体系，对应“五育并举”的教育理念。

管理共建让集团运行高效统一、行稳致远。要让集团化办学走得更远更稳，必须建立高效的管理机制，让实施工作有章可循、有规可依，因此共建管理机制是组建东莞教育集团的首要条件。例如，常平镇以第一小学和振兴中学为龙头学校的2个教育集团均成立了教育集团理事会，下设“一室五中心”，分别作为教育集团的决策机构和组织实施机构，同时进一步健全信息公开制度，完善激励、考核制度，确保人员、资源、经费等得到保障。

资源共享让集团办学质量提升、多点开花。优质资源的使用和流动向来是集团化办学的焦点，在这一点上，东莞的品牌学校“各显神通”。比如，融合龙头学校优质课程资源，构建符合成员学校发展特点的课程体系，如东莞中学松山湖学校教育集团的“融通课程”，东莞一中教育集团的“慧雅课程”，万江中心小学教育集团的“榕乐课程”等，发挥课程育人功能，促进师生共同成长。作为曾经的“三跨式”教育集团，石碣镇袁崇焕中学教育集团以袁崇焕中学为龙头，重点托管公办的序伦小学，同时扶持碣识学校、莞华小学两所民办学校。在教师队伍建设上，龙头学校不仅派出多名行政和骨干教师挂职成员学校，指导学校管理和教育教学，还以结对的形式培养集团名师和名班主任，实施“班主任导师制”，每月进行2次班主任送课到校。

平台互通让学生培养多位一体、迸发合力。瞄准学生发展这一核心，一些教育集团发挥品牌学校平台优势，通过龙头学校与成员学校合作设计各种文化活动、研发跨校活动课程等途径，搭建学生学习、交流、展示等多位一体平台，全面提升学生综合素养。例如，莞城中心小学莞城运河小学集团化办学期间，双方共享"云上书院"阅读考级平台，实现两校学生阅读考级"同平台""共交流"；共建师生"文化交流"平台，两校学生共同参与、分享文化活动；共促"优秀少年"联谊互动平台，推动两校学生互学互进。

◎推动优质教育全域品牌化

集团化办学期间，在袁崇焕中学的示范引领下，集团内各成员学校开启特色化发展之路，序伦小学以"知序明伦"为核心打造序伦教育，砀识学校专注"劳技"教育，莞华小学着力"英华"教育和校园篮球文化，实现以强带弱。

2019年，石龙第三中学获评东莞市首批品牌学校，集团化办学以来，其成员学校石龙镇中心小学和石龙镇中心小学西湖学校，接连获评第二批和第三批品牌学校，实现以强出强。

松山湖北区学校，2018年筹建伊始就孕育于与东莞市首批品牌学校松山湖实验小学组建的教育集团之内，校长也由松山湖实验小学校长兼任。两校之间血脉相连，在品牌辐射带动下，通过集团化办学实现以强培新。

□松山湖北区学校现貌　　（松山湖北区学校供图）

品牌学校通过集团化办学源源不断“造血”，快速扩大优质教育资源的覆盖面，缩短了新建学校的成长期，促进了薄弱学校的自我发展能力，推动了区域乃至全市基础教育整体提升。据不完全统计，东莞开展集团化办学以来，共培养了71名校级干部，其中正校长11人，执行校长和副校长60人；有319名教师走上了学校中层干部的管理岗位；教师获镇级以上荣誉2998人次（其中市级以上荣誉883人次），获镇级以上竞赛奖项15 920人次（其中市级以上奖项6747人次），师资队伍实现快速成长；成员学校学生获镇级以上比赛奖项16 396人次，其中获市级以上奖项4918人次，学生综合素养显著提升；一批成员校如莞城平乐坊小学、常平司马中学、洪梅中学、长安厦岗小学、大朗新民小学等办学水平快速提升；集团成员校中有13所成员学校成长为市品牌学校，一批批学校逐渐成长为老百姓心中的好学校。截止2022年12月，东莞市13个教育集团评为省级优质基础教育集团培育对象，在全省排名第三。人民群众对教育的获得感和满意度大大提升，教师、学生和家长对集团化办学的满意度每年均在98%以上，优质教育全域品牌化的趋势已经显现。

以品牌学校为依托，集团化办学的步伐正在加快。“十四五”时期东莞将继续深化集团化办学改革，通过加强党建引领，优化集团化办学体制，提升集团化办学质量，扩大集团化办学影响力，推动集团化跨市帮扶等工作，到2022年底，实现参与集团化办学的园区、镇街达到100%；到2025年，全市教育集团达到60个以上，集团成员学校达到180个以上，打造一批在省内外具有较大影响力的优质基础教育集团。

如何走出一条特色可行的集团化办学新路，关系到教育集团长远持续的内

□松山湖中心小学注重培养学生深入思考能力。图为学生在课堂上分享学习思考
（孙俊杰　摄）

□作为松山湖中心小学教育集团成员校，大岭山实验小学以“外挂电梯赋能”2.0模式，探索集团化办学“松岭范式”
（大岭山实验小学供图）

涵发展。对此，松山湖中心小学教育集团做出了自己的探索：秉承龙头学校松山湖中心小学办学思想和办学理念，依托“全人课程”体系和“问题+”教学范式等核心技术，成员学校寮步镇西溪小学以“组织再造”模式，从“术、道、人”三个方面着力，先植入课程体系，再植入“问题+”教学，打造“松溪样本”；成员学校企石镇江南小学创新“外挂电梯赋能”模式，从“标准赋能、课程赋能、课堂赋能”三个方面着力，同步植入课程体系和“问题+”教学，打造“松江实践”；成员学校大岭山实验小学进一步打造“外挂电梯赋能”2.0，从文化赋能、课程赋能、课堂赋能、评价赋能等四方面同步植入，营造高质量发展“山湖胜景”，探索集团化办学“松岭范式”。2022年7月，该集团以“从单一化移植到多样化创新”的集团化办学模式入选全省15个优质基础教育集团案例。

从共建共享到协同育人，从规模发展到内涵创新，搭乘集团化办学的快车，品牌学校的“造血”能力正在持续输出。

2. 资源统筹跑出教育“加速度”

有赖于“直筒子市”的特殊办学体制，长期以来东莞的区域教育保持着分散式和极具个性化的发展格局，同时镇街学校影响力常囿于本地，教育资源流动也易受阻碍。如何搭上全市品牌学校培育工程快车，推动区域教育再上台阶，各镇街必须得充分发挥办学的灵活性和自主性，抓住资源统筹关键要素，让学校在公众面前“秀出肌肉，亮出品牌”。在这过程中，也彰显了东莞在奋力打造品质教育，跑出教育“加速度”的独门招式。

◎镇街资源整合带来发展奇迹

“直筒子市”的东莞特色有其独特的历史背景。1988年，经国务院批复，东莞撤县建市，结束了东莞1000多年县级建制的历史。与此同时，东莞并没有设置县一级政府，而是开创性地实行了地级市直管镇的行政架构，并一直延续至今。

来自镇街内部通过资源整合形成的潜力，是一股不容小觑的力量。在东莞特殊的行政架构之下，园区、镇（街道）承担本辖区义务教育学校的办学和招生，东莞各镇街有相当的办学自主权和灵活性。要改变局部落后的教育现状，提高教育优质均衡和均等化水平，那么加强镇街统筹和资源整合，推进镇街品

□1988年，经国务院批复，东莞正式升格为地级市。图为东莞市委、市人大、市政府挂牌（资料图片）

牌学校的培育工作则有着相当的必要性和必然性。

教育信息化水平偏低，人才培养模式单一，编制教师老龄化现象严重，教学管理人才匮缺，基础设施相对落后，这些都曾是茶山教育面临的诸多问题。与其他镇街相比，茶山镇的教育基础优势微乎其微。如何打响镇街教育品牌，强力整合镇内资源，谋求突围发展，正是品牌突围的“茶山方案”。

为此，茶山镇实施“集团化办学”和“品牌学校建设”双驱动战略。以茶山中学为龙头学校，以中心小学、第二小学、第三小学为中坚力量，在集团化办学的基础上，推出独具特色的“九＋N”一体化纵向办学模式，致力打造“茶菁教育”优秀集团品牌。

打造本地教育品牌的过程中，茶山迅速理顺内部关系，从镇街领导到教办行政，再到学校团队，行动中表现出超强目标感，内部形成高度共识：重大的决策过程犹如教师的集体备课，参与者献言献策，广纳良言却也避免了无端内耗；龙头学校领导交流到成员学校，发挥行政团队先行引领作用；打破教师“一校所有”的格局，积极推进集团内教师聘任、职称晋升和绩效考核等方面的一体化运作；构建集团九年一体化课程体系，在学科知识与技能、个体学力与群体学力、教师专业素养与教学能力素养三大方面进行一体化衔接……基于茶山大刀阔斧的行动，镇内教育内生力被激活，茶山中学跻身成为东莞市首批品牌学校，茶山镇中心小学认定为第三批品牌学校，茶山中学教育集团也被认定为东莞市首批集团化办学单位之一。

从现实镇情出发，各镇街因地制宜探索品牌建设，也贡献了教育品牌培育的多元路径。

布局打造“古梅教育”品牌，麻涌的步子走在前面。2014年，麻涌镇就从外省引进了两位经验丰富的全国名校长，接管麻涌中心小学和古梅第一小学，以提升两校的教育教学质量，打磨其特色与品牌。多年来，麻涌镇各学校足球、武术、粤剧、游泳、科技、射击等特色也较为突出。同时全镇推行校长轮岗，引领全镇学校走上发展“快车道”。这都为品牌学校培育打下了良好的根基。

万事俱备，只欠东风。扎实做好服务保障的同时，麻涌引入东莞本地名校带来了从0到1的突破契机：东莞市首批品牌学校东莞中学初中部与麻涌镇古梅一中“牵手”，开启了集团化办学之路。名校资源的充分调动，教育品牌影响力迅速提升，“善美教育”品牌得以一举推出，优质教育品牌打造的瓶颈问题

□茶山中学牵头成立本区域教育集团，同时还跻身成为东莞市首批品牌学校
（孙俊杰　摄）

得以解决。教育品牌崭露头角之后，麻涌顺势而为，借鉴他山之石做好自身品牌梳理，大力争创“古梅教育”品牌，如今镇内4所学校已被成功认定为东莞市品牌学校。

资源的高效整合给镇街教育带来了发展奇迹。茶山中学、东莞中学初中部古梅一中、长安中学、大朗镇巷头小学、厚街镇前进小学、寮步镇香市小学、麻涌镇古梅第一小学……一所所来自镇街的优质学校突出重围，在全市老百姓的眼中由“籍籍无名”变得“耳熟能详”，品牌的扩大效应正在它们的身上体现。

◎镇校协同发力的东莞样本

东莞扁平化的行政管理体制下，镇街资源高效整合可能带来发展奇迹，同时也给镇街教育发展带来挑战——只凭各镇街单打独斗，教育资源要素的流动容易遭遇壁垒和阻碍。若僵化地固守阵地，极容易陷入各自为战的陷阱，进入马太效应“强者恒强，弱者恒弱”的循环之中。

集团化办学的成功经验告诉我们，先进校的理念、管理、教研等输出，能够有效帮助薄弱学校提升教学质量和管理水平。以品牌学校为龙头组建的教育集团，能更大程度地发挥品牌学校的优势和力量，破除单个学校“摸着石头过河”的困境。

面对资源相对不均的现状，品牌学校的诞生可以说是带着使命而来，以期发挥优质学校带动牵引作用，助推全市教育优质均衡发展。可以看见，伴随着

□2019年9月2日，开学第一天课，石排中学老师准备了以“全新开始，从‘心’出发”为主题的班会课，带着孩子们去发现和感受学校集团化办学以来由外而内的全新改变　　（孙俊杰　摄）

一所所品牌学校的出现，以“品牌学校＋集团化”的形式，镇校之间的合作穿越行政区划屏障，在莞邑大地上完成了一场资源配置的自组织变革。

石排镇和品牌学校的教育结缘，首先来自东莞中学松山湖学校。2019年7月，东莞中学松山湖学校（集团）石排中学揭牌。作为东莞市首批品牌学校，东莞中学松山湖学校与石排中学以“紧密型托管”的形式，开启了集团化办学历程。随后，东莞中学松山湖学校还作为龙头学校与石排中心小学采用“二托一”的方式共同托管燕岭学校，成立石排镇教育集团。此外，石排镇还引进石龙三中和石龙中心小学托管东翔学校。在“集团化＋托管共建”的办学形式深度改革中，多所镇外品牌学校成为了石排镇办学的优质资源支撑。

发挥协同效应，加强镇校合作，成为了不少镇街的共识。2019年底，一则《关于同意在清溪中学新增高中招生的批复》受到了许多东莞家长的关注。这意味着已停办了十年的清溪中学高中部即将要复办。次年，东莞高级中学教育集团正式成立，并对清溪中学进行托管，计划用三到五年时间，将清溪中学办成教育理念先进、学校特色明显、教育质量优良的优质学校。

无独有偶，洪梅镇将洪梅中学委托给可园中学管理，在集团化办学之下通过理念引领、文化融合、管理共建、教师培养和资源共享等五个提升工程，以

□2020年6月5日，东莞高级中学与清溪中学举行集团化办学签约仪式　　（资料图片）

期实现两所学校“共进、共建、共享、共荣”，迅速提升洪梅中学的办学水平。东坑则重金投入6000万元，深化与品牌学校的合作，借力松山湖实验中学教育集团，助推东坑中学品牌发展，筹建东坑镇第四所公办小学——“松实附小”，探索成立具有“莞乡坑土”文化特色的小学教育集团。

不难发现，通过合作共建机制，品牌学校正充分发挥其示范辐射作用，实现以强带弱，帮助镇街校群办学质量整体提升。同时镇校协同发力，品牌学校红利也将借此惠及每一个镇街，带动教育优质均衡发展，逐渐朝着“家门口的好学校”的远景奔去。

◎区域教育高质量发展的密码

近年来，在不改变现有园区、镇、街道行政架构和空间范围的前提下，东莞全市被划分为城区片区、松山湖片区、滨海片区、水乡新城片区、东部产业园片区和东南临深片区六大片区。从分布地图（见“附录　品牌学校地图”）看，遴选出的120所品牌学校遍布东莞园区、镇（街道），适当兼顾了区域间的平衡，也成了区域教育高质量发展的重要引擎。

以莞城、南城为代表，城区片区中，前者为东莞教育发源地和品质象征地，民众认可度高；后者作为东莞CBD腹地，承载了城市迅速发展对教育扩容提质的高期望。

□东莞CBD，城市迅速发展伴随着对教育品质的高期望　　（孙俊杰　摄）

让传统老校焕新，品牌学校激发更高水平的引领。在继承传统优势的同时，莞城抓住品牌学校创建的契机突破自身发展瓶颈，迈向更高质量发展，奋发作为打造教育新高地。以深化“学在莞城”品牌建设为抓手，莞城街道依托5所市品牌学校建立了五个教育集团，实现集团化办学全覆盖。辖区在教育质量、教育效益、教育公平、教育特色等方面成绩斐然。

借力品牌实力扩容，实现“扩一所，优一所”。南城区域教育体系完整，阳光品牌系列突出。通过加大教育投入，统筹推进品牌孵化，南城街道先后有7所颇具影响力的品牌学校成功创建。近年来教育扩容提质背景下，阳光教育品牌为新生学校强力赋能，输出先进理念、管理团队、学科带头人等，使得新校起点高、步伐快、管理好，探索出了集体创建新校的优质办学模式。与之类似的，东部片区的常平镇亦通过“名校＋新校”模式形成优质学校联盟，借助集团化办学辐射影响，释放教育品牌效应。

教育创新从品牌出发，辐射带动片区发展。作为松山湖片区中心，松山湖是国家高新技术产业园区、东莞“先进制造＋科技创新”引擎腹地、国家级未来教育试验区，教育创新相当活跃。从校校争创品牌到集团化办学模式改革，再到牵头“1＋9”功能区教育资源统筹，松山湖勇于开拓创新，打破教育资源镇街行政限制，将优质教育理念对外辐射，探索和引领着东莞区域教育改革创新的动向。

品牌培育形成区域发展凝聚力。同属松山湖片区的茶山镇抢抓改革先机，在全市镇区内率先成立九年一贯制紧密型教育集团，打造“茶菁教育”集团品牌，使辖区教育从薄弱迈向整体高质量均衡，成为区域教育崛起的标杆案例。滨海湾片区的厚街镇，在品牌培育上分步推进，通过搭建平台开展“创品牌”研讨攻坚，跨越教研片区，多形式、多格局地组建“创品牌”联盟，实现辖区学校教育的跨越式发展，教育监测成绩显示辖区教育质量在片区中表现突出。水乡片区的麻涌镇教育先行意识深刻，品牌培育引领之下，紧跟市教育综合改革的步伐，充分配套土地、资金和政策资源，做好做强政策在区域落地的实施效能，成效卓著。

特色品牌呈现多元生态。作为教育品牌起步较早的镇街，滨海湾片区的长安镇小学素质教育成绩突出，在全国都有一定的影响力。基于镇内原有的特色学校创建工作，长安镇引领全镇各校加入学校办学“品牌”的变革热潮，发扬自身个性优势，形成一校一品牌、一校一特色，唱响了长安“品智教育”名片。松山湖片区的大朗镇学校积极探索品牌立校，或拥抱前沿，缔结教育信息化同盟校，或结合集团化办学，成立了多个品牌培育联盟学校，镇内学校办学质量获得良好的社会口碑。临深片区的塘厦镇教育投入保障度高，镇内4所品

□松山湖是国家高新技术产业园区，东莞“先进制造+科技创新”引擎腹地，国家级未来教育试验区，教育创新相当活跃（松山湖管委会供图）

□长安镇引领全镇各校加入学校办学“品牌”的变革热潮，发扬自身个性优势，形成一校一品牌、一校一特色，唱响了长安“品智教育”名片 （长安镇供图）

牌学校特色纷呈，通过合作共建机制，助力全镇办学质量整体提升，使塘厦教育质量实现区域领先，民众认可度高。

纵观六大片区，区域教育发展各有千秋。同样是教育品牌培育，片区之间也呈现着纷繁不同的景象，可见镇街教育品牌建设并无定式。然而殊途同归的是，它们都在探索品牌的过程中寻得了阶段性进步和快速提升的解决方案。品牌学校培育工程激起镇街教育的连锁反应——围绕着教育品牌的建设和推广，镇街资源得到了有效整合盘活，区域形成多元生长的教育生态，一切最终都指向区域教育的高质量发展。

【经典案例】

东莞中学南城学校：由薄弱校到品牌校的办学突围

2021年底，东莞中学南城学校（下称“南城学校”）不负众望，被认定成为东莞市第三批品牌学校，提前达成了“将南城学校打造成全市一流的初中”的目标。

从校园环境到教学成果，从师资队伍到学生综合素质等，近年来南城学校发生了“翻天覆地”的变化，让南城老百姓如数家珍。很难想象，就在几年前这里还面临着“新生招不满、尖子生转学”的办学困境：以2015年为例，学校初一计划招14个班，最后每个班只招了37人，此后仍有学生不断转学，为此学

□2016年6月，南城街道委托东莞中学管理南城中学，双方签约时限共计9年，该校也成为东莞学校托管改革首个试点

（东莞中学南城学校供图）

校又缩减了两个班，学生入读率不到50%。两者形成了鲜明的反差。

由一所薄弱学校短时间华丽转身，南城学校改变的原点正是与东莞中学开展集团化办学——2016年，东莞中学全面托管南城中学，打造全新的“东莞中学南城学校”，首创东莞“公托公”集团化办学先河。

集团化办学对于南城学校的改变是全方位的，也是成体系的。根据托管签约协议，托管期间在学校管理上东莞中学完全享有南城学校的管理权，包括人事聘任、财务、学校日常管理、教学管理、队伍管理、安全管理等办学自主权。作为龙头学校的东莞中学派驻了以校长为首的精干管理团队参与成员学校的管理，在办学思想、办学宗旨、办学理念、学校管理制度、校园课程建设、学校文化建设等诸多方面进行了引入和移植。

在借鉴东莞中学规章制度的基础上，托管后南城学校结合实际校情，逐步厘清、理顺学校组织管理程序，明确完善部门职能、岗位职责和程序，为此学校特别编辑《东莞中学南城学校教职工手册》和《学校管理权限清单》，由此确定学校“制度管人、流程管事”的科学治校模式。

走出治校管理建章立制的第一步，托管后南城学校还进行了教职工团队改

□学校积极探索，通过同伴协助和学习型组织的建设，教师在团队合作中行动，促进教师专业发展

（东莞中学南城学校供图）

□作为东莞头部学校集团化办学与区域高效融合的经典案例，东莞中学南城学校办学成效深受市民认可，该校也被认定为第三批品牌学校 （东莞中学南城学校供图）

革的大胆尝试。一是采用全员聘任制，通过考核和重聘优化了学校管理团队和教师队伍的结构，并通过合同制方式解决教师编制不足问题；二是建立中层干部竞聘机制，出台竞聘管理办法，3年一聘，竞争上岗，提高了学校管理的效能和质量。

学校认为，教育质量是一所学校赖以生存的生命线，教育质量发展的关键仍然是教师的专业发展。为此，学校积极探索，通过同伴协助和学习型组织的建设，教师在团队合作中行动，促进教师专业发展。

集体备课的推出打破老师们单打独斗模式，通过资源共享，让缺少经验的老师课堂质量也达到平均授课水准。学术委员会则由各学科的骨干教师组成，主要负责学校每学期一次的教学公开月以及教师课题管理、青年教师培养和各项教学管理工作，通过组织听课检查、教学反思评选、教学比赛等，为学校教育、教学、教研提供全面参考意见。此外，通过师徒结对，同伴互助，学校充分发挥“青蓝工程”的育人功能；建立《南中教研》、教学基本功大赛、班主任论坛等多个教师专业发展展示平台，加强教师之间的交流学习。教师团队内驱力的激发从源头打下了强校的基础。

与此同时，为了改变“优生吃不饱，差生跟不上”课堂现象，让每个学生都能受到最适合的教育，从学校托管的起步阶段开始，南城学校就尝试在数学、英语两大学科上实行动态分层走班教学，这一调整成效显著，兼顾动态平衡和个性化培养的同时有效地提升了教学质量。国家课程之外，借助东莞中学优质师资和课程优势，南城学校还以学生的多元智能和终身发展为核心，重构了“慧美”校本课程体系，推出“语言与人文素养”“数学与逻辑”“科学与创造”“艺术与审美”“体育与健康”“实践与社会理解”六个大类，共计72门校本课程，惠及全体学生。既满足了学生全面发展和多元化成长需要，同时也挖掘了学生的个性潜能优势。

期间，学校的德育体系建设也渐显成效，注重学生的人格建构、注重多元智能的3C德育模式——关怀（caring）、关心（concern）、关联（connectedness）成为学校育人特色。“关怀情感、关怀生命、关怀理想”让学生健康愉悦成长；“关心自我管理、关心自我展示、关心自我教育”让学生自信理性发展；“关联同伴、关联家庭、关联社会”让学生和谐向上进步。

在集团化探索道路上，南城学校一步一脚印，不断回应公众及社会对教育优质均衡发展的期待。托管六年，学校每年均获评东莞市中学教学质量综合评价优秀单位，成为南城家长心中名副其实的好学校。

【经典案例】

茶山、麻涌：集团化办学的积极实践者和受益者

2020年底东莞市“中华诗词大会”落幕，有两所学校表现让人眼前一亮：从小学到中学、从团体到个人，茶山中学和茶山中心小学包揽了大赛的4项冠军，一时惊艳四座。而这背后可以发现，集团化办学在其中功不可没。

2018年12月东莞市茶山中学教育集团签约揭牌。集团以茶山中学为龙头学校，以中心小学、第三小学为中坚力量，致力打造茶菁教育优秀集团品牌，形成了独具特色的“九+N”一体化纵向办学模式。所谓“九+N”一体化纵向发展模式，“九”指九年一体化，“N”指集团化成员校。集团希望通过此模式实现：于学生，一到九年级统一规划，确保学生个体成长的连续性；于学校，在核心办学理念、办学特色、课程开发、校园文化上实现一体化构建。

集团内部注重构建九年一体化课程体系，在学科知识与技能、个体学力与群体学力、教师专业素养与教学能力素养三大方面进行一体化衔接。从校本课程开发上看，既有集团文化“茶菁”特色，又在不同学段上呈现有效衔接。以诗词教育为例，集团学校学生均可在校本课程、社团活动中接受诗词训练，增加自己的诗词储备。针对比赛的专业选手，集团龙头学校还输出培训机制、经验，提升成员学校应战水平。事实上，两所学校的获胜并非偶然：在2018年的东莞市“中华诗词大会”上，茶山中学代表队和茶山镇中心小学代表队就双双夺冠，2019年茶山镇中心小学也获得该组别的亚军，显示出了良好的诗词素养。

“一体化”的集团发展思路对学校和师生的成长是综合引领。例如，在师资队伍融合发展上，集团内部打破了教师“一校所有”的格局，龙头学校领导交流到成员学校，发挥行政团队先行引领作用；在教师聘任、职称晋升和绩效考核等方面积极探索一体化运作；搭建“茶菁大讲堂”等集团平台，邀请教育行业精英前来讲学，通过资源共享促进教师专业成长。

再如，以“九年一体化茶菁德育”为引领，成立集团德育研究会，编纂校本德育教材，举办“茶菁少年”等评选，打造五大校园节庆，培养“茶菁校园文化”，形成了体系德育、活动德育、文化德育、科研德育、智慧德育等五大德育特色。

如果说茶山的教育集团化采用的是一体化纵向办学模式，那么麻涌则选择了一种同学段的横向教育联盟形式。

坐落于麻涌华阳湖畔的古梅一中，创办于1997年，是一所全寄宿初级中学。2019年，在“四互四共”集团化办学模式的引领推动下，学校由东莞中学初中部托管，正式更名为“东莞中学初中部古梅一中”。

集团化办学的初衷，也是借此良机为古梅一中发展“填谷造峰”，即弥补学校发展上的短板，推动学校整体发展；同时突出办学特色，不断突破办学成绩，并保持高位发展。为此两校在教育理念、课程开发、学生培养、师资建设、特色创建、文化创建等方面开展交流合作，为古梅一中发展注入了多重新生力量。

优秀实干的名师团队提供人才支撑。东莞中学初中部50多位名教师成为古梅一中教学顾问老师，并安排了常务副校长等7名骨干教师到学校任教。通过

□东莞中学初中部古梅一中的地理课程 （陈曦露　摄）

发挥名师团队的引领、示范和辐射作用，不断带动学校师资队伍的专业发展。

莞初式的精细化管理深入校园。东莞中学初中部一贯坚持实施精细化管理，努力让学校、教师甚至饭堂都成为同学们最坚强的后盾。集团把其管理模式引进到古梅一中，使饭堂、教室、办公室、卫生间处处实现升级改造，学习生活环境更加美好。

多维教育资源共享成为教育品质提升的“工具箱”。基于集团的分组对接管理机制和科组互动教学机制，古梅一中共享莞初优质的教育、教学、平台和活动资源，实施教学同步，课堂教学效果明显改善，教育质量稳步上升。

在管理共建、德育共进、教学共研、队伍共济、机制共轨、师资共享的助力之下，古梅一中整体办学水平逐步实现优质化、高效化，加强了学校内涵建设，提升了教书育人品质。2021年底，东莞中学初中部古梅一中被认定为东莞市第三批品牌学校，集团化办学成效凸显。

三、浸润·高水平搭建：

“品牌+”效应的辐射引领

从顶层设计，直面学校发展底层逻辑，不断启发、激活、帮助学校增强内驱力，突破发展瓶颈。这是东莞品牌学校培育工程的推进思路，也是东莞推动教育高质量发展的行动缩影。

在学校活力激发与全市一盘棋的资源统筹中，后品牌时代的教育深化与变革乘风而来。“十四五”开局之年，作为改革开放先行地的东莞，以一场高规格的全市教育大会开启“品质教育”新征途。

以提升教育品质为风向标，将“打造品质教育”作为加快教育现代化核心战略，东莞奋力抢新机、开新局、谋新篇，提出五个“翻一番”目标，发布“1+12”行动计划（见文末附录）；立足市第十五次党代会擘画的“学有优教”目标，东莞在品质课堂、莞邑良师、教育双减、民生服务等诸多板块齐头并进。由120所品牌学校汇聚而成的“品牌+”效应，持续发挥优质辐射引领作用，助推东莞品质教育建设，跑出教育“加速度”。

1. 品质课堂带动教学品质提升

2021年，东莞启动“品质课堂”行动计划，提出以“高效课堂”和“莞式慕课”教学改革成果为基础，紧紧围绕立德树人根本任务，坚持有教无类、素质教育、因材施教的教育理念，以让每一个学生接受有品质的教育为价值追求，深入推进“品质课堂”，通过课堂变革带动教学品质提升，让师生享受过程精彩与成长幸福。

以学生为中心，将教育变革的触角直抵教学一线，直面教师的“教”与学生的“学”，此举丰富并升华品质教育内涵，推动学校教育教学品质提升。在这一过程中，品牌学校以先行一步的优势，深入课程与课堂探索创新，成为品质课堂行动中有力的参与者、推动者、引领者。

◎课堂变革推动教与学创新

把绘本带入课堂，由故事情节“制作王冠”引入测量单位毫米，激发孩子探究新长度单位的兴趣，通过热烈讨论、大胆推想、引导发言让学生的学习真正发生；采用小组展示、游戏PK以及展示AR地形图等方式，点燃学生学习地理的热情，并及时检验学生对地形图等相关知识掌握情况，引导学生走向深度学习。

一堂数学课、一堂地理课，两者都来自东莞首批品牌学校课堂，前者为东莞百年名校莞城中心小学，后者是创办于2015年的松山湖实验中学。在东莞品牌学校培育项目中，课程建设是其中关键的评价指标，不管是“让学习真正发生”还是“走向深度学习”，这是两所品牌学校围绕课程建设进行课堂教学变革的生动写照。

依托于课堂实现的教与学创新，体现了东莞教育倡导的价值理念——让每一个学生都受到最适合的教育。在为期三年的品牌学校项目培育工程中，这样的课堂教学探索成为品牌学校的标配，也成为东莞推动品质课堂建设的行动力量。

回顾东莞课堂探索之路，2015年被誉为东莞教育“慕课元年”，由“莞式慕课”建设带动了一批学校把握时机，以信息化教学为抓手率先开启课堂变革。经过学校申报、盲审、集中答辩，东莞市第八高级中学、东莞外国语学校、

□随着“品质课堂”建设的推进，品牌学校积极发挥示范引领作用，探索教育品牌理念与品质课堂的深度融合
（孙俊杰　摄）

可园中学、石龙第三中学、常平镇振兴中学、长安实验中学、莞城中心小学、东城第三小学、大朗镇巷头小学、塘厦镇中心小学等十所学校成为东莞首批慕课试点学校，开启翻转课堂试点实验。

“十三五”期间，东莞推出“莞式慕课”建设工程，确立2个慕课试点镇区、117所慕课试点学校、4个民办学校莞式慕课实验基地，经过实践涌现出一批先进学校，16所学校被省教育厅认定为“广东省教育信息化中心校”，14个项目入选“广东省基础教育信息化融合创新示范项目”，形成了“在线名师课堂、远程同步课堂、双师教学、翻转课堂”四种信息化教学范式，大大优化了传统教学流程，提高了教学与课堂效率。该项举措获得2019年广东省教育教学成果奖一等奖、2020年全国基础教育改革发展优秀工作案例、2020—2021年“粤治——治理现代化”优秀案例。

2020年8月，东莞入选教育部“基于教学改革、融合信息技术的新型教与学模式”实验区；同年11月，东莞获评教育部“基础教育国家级优秀教学成果推广应用”示范区，同时捧回实验区和示范区两项国家级殊荣。这是对东莞基础教育改革发展的肯定与推崇，也为东莞在更大范围内持续教育教学创新突破打下坚实基础。

一方面有全市层面的教育教学改革创新实践，另一方面有以品牌学校为主阵地的学校探索，这些为东莞推进“品质课堂”行动提供可供参考、复制、实

□东莞塘厦镇中心小学举办“慧教育·融合创新”成果展示活动　（孙俊杰　摄）

施的经验。以课堂变革推动教与学创新，东莞构建起“理念先行—基地引领—比赛促动—技术助力—评价导向—成果辐射”六位一体的品质课堂推进思路。

◎品质提升让优质教育可触可感

课堂是学校教育教学工作的主阵地，也是推进教育公平的最后一公里，只有让每一位学生得到充分关注，学生的学习困难得到及时回应、学习权利得到充分保障，才能真正实现教育公平与质量兼顾。

简单说，东莞希望借助“品质课堂”行动，深入推进课堂教学改革、优化教学过程，实现教与学的突破，突出以学生为中心、突出充分发挥学科育人功能、突出信息技术与学科教学深度融合、突出提升教师素养、突出多元评价，让师生享受过程精彩与成长幸福。

厚积薄发，将镜头拉长来看，那些紧跟课堂改革步伐的学校也迎来收获。随着东莞品牌学校建设的展开，一批在课堂上勇于创新改革的先行校——东莞外国语学校、石龙第三中学、可园中学、振兴中学、长安实验中学、大朗镇巷头小学等，抢抓发展先机，成功获评东莞品牌学校。

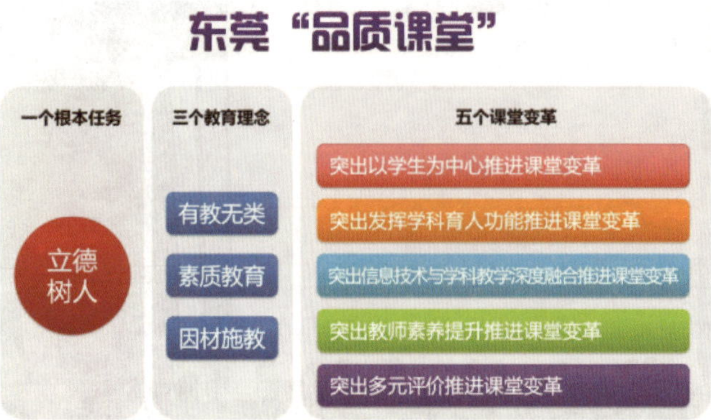

□东莞“品质课堂”行动目标核心内容

□大朗镇巷头小学坚持探索教育与科技同行之路，以“互联网+深度学习”赋予课堂新智慧

（孙俊杰　摄）

在这些学校教育教学中，学生的需要始终被看见、被重视，而这正是东莞“品质课堂”的核心追求，尊重每一位学生，让每一位学生都能在原有的水平上得到提高、获得发展，且要充分考虑每位学生的特点，给予差异化、个性化的指导，让每一位学生都浸润在品质课堂。

瞄准教育改革最一线，直抵教师“教”与学生“学”的创新，以品牌学校为代表的学校，在前期探索的基础上不断创新，成为东莞品质课堂行动中有力的参与者、推动者、引领者，加速了品质课堂推进的广度、力度和深度。

比如，围绕品质课堂建设，可园中学积极探索学生发展多元评价的整体推进模式，提出“努力就会进步，进步就是优秀”的学生成长与发展观，并将这一理念贯彻到教育教学的每一个环节，力争让学生的每一点成长都可以被看见；东莞外国语学校打造高品质课堂，构建形成博雅、格致、行知三大课堂体

□ 东莞市第七高级中学借助品牌培育工程，抢抓发展先机，充分挖掘发展潜力，聚焦特色领域攻坚突围，走出了一条特色发展的素质教育之路　　（黄伟兴　摄）

系，并在作业设计中实现创新更走心。

通过激发学生学习的主动性和积极性，由被动变主动，各学校的落地探索与实践，让教育“看见”人，变得可触可感。松山湖第一小学在课程内容与课堂形式设计中，倡导让学习从生活出发、再回到生活本身，学校还为高年级学生定制“走班制+项目制”，提供课程“自助餐”；松山湖第二小学，通过设计丰富的项目式学习课程撬动学生学习方式的改变，培养孩子拥有最重要的一项能力——学会如何学习；东莞市常平中学，在“平正教育”理念下，有机整合国家课程、地方课程和校本课程，构建“一切为了每一位学生发展”的平正课程体系。

在东莞市第七高级中学，围绕“乐学教育”品牌，学校打造必修、选修、校本课程融合的立体化“乐学课程”，结合“科创高中”转型发展的育人模式创新，推出“1213”课堂模式提升学习效率：第一个“1”为前置学习（10分钟）、“2”为互动学习（20分钟），第二个“1”为深度学习（10分钟）、“3”为“自主、合作、探究”，通过时间分配激发学生探求知识的内驱力，实现师生共建课堂。

□南城阳光中心小学的舞蹈队员正在表演

（孙俊杰　摄）

□香市小学的机器人课堂

（孙俊杰　摄）

◎百花齐放的“实践样本”

再长的路，一步步也能走完；再短的路，不迈开双脚终将无法抵达。让课堂成为学生健康成长的快乐天地、教师专业发展的精彩舞台，“品质课堂”建设为东莞教育教学提质开辟全新赛道，学校和老师们的积极性被充分调动，进一步活化全市教育生态与氛围。

2021年、2022年，东莞先后评选了两批中小学（幼儿园）“品质课堂”实验基地。其中，首批评选“品质课堂”实验镇街6个、实验学校108所、实验教研组427个；第二批评选“品质课堂”实验镇街6个、实验学校57所、实验教研组310个。

正如品牌学校建设，以品牌培育为催化，不断启发、激活、帮助学校增强内驱力，突破发展瓶颈；品质课堂则将触角链接一线教师，通过激发东莞十万教师队伍的内驱力，来构建富有东莞特色的提升学习品质、充满生机活力、学生真实发展、师生共同创造的课堂新样态，探索与现代素质教育相适应的课堂创新实践之路。

此举契合东莞品质教育打造的现实需要，也为后品牌时代学校突破现有发展格局，实现更广阔迈步提供新路径。不同层次、不同学段学校在同一赛道上奔跑，形成百花齐放的“实践样本”。

突出充分发挥学科育人功能，东莞中学松山湖学校坚持将课堂与社会实践深度结合，创设情境培养学生核心素养，全面培养面向未来、面向世界的人才；南城阳光中心小学坚持把立德树人的根本任务落实在学科教学之中，育人无痕，力争将每一堂课打造成品质课堂；莞城中心小学坚持五育并举，注重加强学科横向纵向连贯，全面提升学生的综合素质，各学校在挖掘学科育人元素，提升教师学科德育能力，深化五育并举、五育融合方面，各有探索，各自精彩。

突出提升教师素养，寮步中学打造“三位一体”的专业成长平台，积极引领教师走素养提升的内涵式发展道路，扎实推进品质教育；常平振兴中学提出

□ “品质课堂”建设为东莞教育教学提质开辟全新赛道，学校和老师们的积极性被充分调动，进一步活化全市教育生态与氛围 （曾梓晴 摄）

“让教育者先受教育”，让教育变革从教师自我变革开始，建立教师素养提升长效机制。

在品质课堂的赛道上并肩而行，教师们教研活力与课堂热情不断被点燃，教育行政部门则进一步强化政策导向与引导，托起“品质课堂”良性运转的大基底。在2021年度教育专项课题立项中，全市共200个课题获批立项。瞄准教育工作的重点、难点、热点问题，课题立项设置“减轻义务教育阶段学生作业负担”“品质课堂”“国家级优秀教学成果推广应用”“劳动教育”“基于教学改革、融合信息技术的新型教与学模式实验区”等五类专项。

其中，“品质课堂”专项数量最大，共计60个项目。获批立项项目有品牌学校主导，也有非品牌学校参与，有校长牵头，也有普通老师角逐，有市级教研团队助力，也有镇街教育管理中心集体行动；在课题研究内容中，有项目瞄准课堂评价体系改革，有项目聚焦幼儿园游戏化教学以及小学生深度学习，还有项目探讨品质课堂中的教师期待。

这些课题探索研究，丰富了东莞“品质课堂”建设内涵，在学校与老师积极性和主动性被充分点燃中，品质课堂建设愈加有序高效地朝着既定目标迈进，形成课堂改革的“东莞样本”。

【附录】

东莞市打造品质教育“1+12”行动计划

1. 中共东莞市委组织部、中共东莞市委教育工委关于进一步加强中小学校党的建设行动计划（2021—2025年）
2. 东莞市推进公办中小学建设行动计划（2021—2025年）
3. 东莞市推进学前教育普惠健康发展行动计划（2021—2025年）
4. 东莞市推动义务教育优质均衡发展行动计划（2021—2025年）
5. 东莞市推进普通高中“双特色”优质发展行动计划（2021—2025年）
6. 东莞市推进民办学校规范提质行动计划（2021—2025年）
7. 东莞市推进职业教育产教融合行动计划（2021—2025年）
8. 东莞市推进高等教育创新发展行动计划（2021—2025年）
9. 东莞市打造“莞邑良师”行动计划（2021—2025年）
10. 东莞市推进“品质课堂”行动计划（2021—2025年）
11. 东莞市推进中小学劳动教育行动计划（2021—2025年）
12. 东莞市推进智慧教育行动计划（2021—2025年）
13. 东莞市推进教育评价改革行动计划（2021—2025年）

【经典案例】

东莞市香市中学：以品质课堂实验基地建设促转型升级

根据“品质课堂”行动计划，东莞将分批遴选培育10个“品质课堂”示范镇街、100所“品质课堂”示范学校、1000个“品质课堂”示范教研组，打造10000节“品质课堂”精品示范课。

2021年8月首批示范基地名单出炉，108所实验校中不乏东莞品牌学校身影，一批品牌学校或从顶层设计出发、或着力教师素养提升、或开展校内技能培训、或实施教研提质增效，通过一系列落到实处的举措，以“品质课堂”建设为新突破口，推动学校教育教学的品质提升。

□莞式慕课翻转课堂　（孙俊杰　摄）

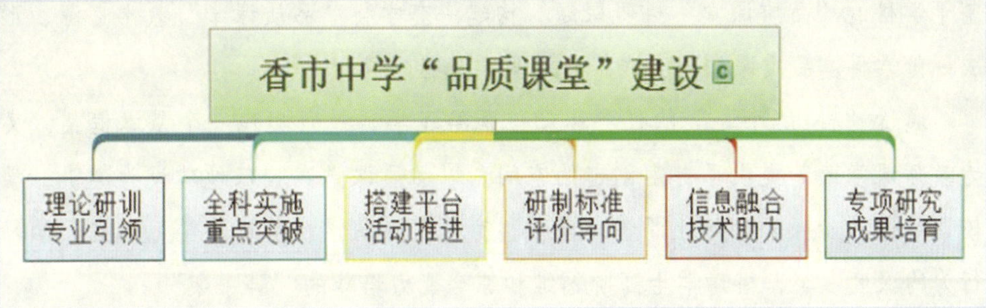

□香市中学"品质课堂"建设的实施路径

以第一批品牌学校为例，东莞中学一方面采取项目式专题化教科研新模式，组建核心研究团队进行课题预研究，另一方面紧抓品质课堂建设上下游的师资、课程、生源、评价、环境及设施设备等关键方面，推动课堂变革；以振兴中学为代表的品牌学校抓住"教师素养提升"的核心命题，通过制度保障、外搭平台、内激动力，为推进教师专业成长提供实实在在的支撑；莞城实验小学品质课堂建设中，围绕"追问课堂"开展的教学设计比赛贯彻始终，此举让学校品质课堂建设从设计理念到教学实施均实现有法可依、有章可循。

作为第二批品牌学校的香市中学，入选东莞市首批"品质课堂"实验学校后，学校形成了以"专业引领、重点突破、活动推进、激励评价、技术助力、专项研究"为思路，分阶段、分步骤、有计划地推进"品质课堂"实验基地建设的方案，力求以实验基地建设，促进全校课堂转型升级，实现更高质量发展突破。

为保证"品质课堂"实验基地建设顺利进行，该校成立了由行政班子成员组成的"品质课堂项目领导小组"和由教务处、教研处、教师发展中心成员及各级部级长、各科组长组成的"品质课堂项目研究指导小组"，研究制定《香市中学关于推进"品质课堂"实验基地建设的实施方案》，明确了以立项课题带动项目研究，以项目开展推进全校"品质课堂"建设的实践思路。

以市级专项课题"初中品质课堂建设的校本实践策略研究"为抓手，组建以骨干教师为主的研究团队，分科组开展学科"品质课堂"研究的子项目。形成"全科实施、重点突破"的局面，引领集中研究，合力攻关，推动研究活动有序扎实地开展，强化教育科研在品质课堂推进中的能量加持。

同时，以"科组4个一"为抓手，学校构建课堂教学改革的教研共同体。即：全校16个学科教研组都要制定一份学科"品质课堂"建设方案、申报一项基于学科的“品质课堂”科研课题、构建一套学科“品质课堂”教学资源、形成一份学科“品质课堂”实践报告或教学策略。

通过“科组4个一”的任务驱动，既给了学科教研实践一个基本框架，又为教师课堂改革提供了自由创造的空间。以品质课堂实验基地建设为契机，学校还将进一步探索如何让课堂走向学科育人，走向学科情感、学习方式、学习行为的深度参与，搭建学生高阶思维和综合能力培养的“脚手架”。

2. 莞邑良师吸引群雁齐飞

以品牌学校建设、集团化办学、教育千日攻坚行动等为主抓手的教育扩容提质，推动了东莞教育转型升级迈上发展新阶段，也呼吁教师队伍的扩量提质树品牌，以一支高素质、专业化、创新型教师队伍，强化东莞在现代化新征程上加快高质量发展的教育支撑。

2021年“莞邑良师”行动计划应时而生。东莞计划用5年时间培养30名教育领军人才、150名教育家型教师、2500名卓越教师和300名未来名校长培养对象，评选550名名师、名班主任、名校长工作室主持人，搭建起与省相衔接的高层次人才培养体系。

师资作为品牌学校建设中的重要一环，完善的制度、系统的培养理念与队伍打造让一批品牌学校夯实基础，成为推动“莞邑良师”行动的中坚力量，持续释放品牌价值与辐射影响。

□ “莞邑良师之家”东莞教育人才招聘培养和交流展示平台

◎搭建高层次人才培养体系

教师是教育工作的中坚力量，有高质量的教师才会有高质量的教育。

为切实加强教师队伍建设，2018年1月中共中央、国务院印发《关于全面深化新时代教师队伍建设改革的意见》（以下简称《意见》）。作为新中国成立以来，党中央出台的第一个专门面向教师队伍建设的里程碑式政策文件，《意见》描绘了新时代教师队伍建设的宏伟蓝图，也吹响了推进教师队伍建设改革的集结号。

在东莞，以品牌学校建设、集团化办学、教育千日攻坚行动等为主抓手的教育扩容提质，推动了教育转型升级迈上发展新阶段，也呼吁教师队伍的“扩量提质树品牌”。

全面贯彻党的教育方针，落实立德树人根本任务，围绕“为谁培养人、培养什么人、怎样培养人”的教育根本之问，东莞把教师队伍建设作为最重要的基础性工程来抓，努力为教育事业发展提供人才保障和智力支撑。

数据显示，近两年东莞引育高级职称教师626名，招引高层次和短缺专业人才169人；“十三五”期间市镇校三级累计培训教师170.87万人次；自2015年至今，共向18万余人次民办学校教师发放从教津贴近4.66亿元；通过深入实施“三名工程”，全市设立市级“三名”工作室355个，培养工作室学员成员近8000人。

立足“双万”新起点，朝着“学有优教”目标迈进，东莞教育先导性、基础性、全局性地位和作用更加凸显。教育如何持续支撑经济社会高质量发展、实现城市与千万人口共生共荣，成为摆在眼前的现实之问。在2021年第37个教师节，东莞高规格举行全市教育大会，出台《东莞市基础教育教师队伍建设改革系列文件（第一批）》，以“要为未来10年、20年发展培养一批又一批莞邑名校长、大先生”的魄力，在政策设计上为全面深化新时代教师队伍建设提供支持与保障。

系列文件提出：统筹事业编制向教育倾斜、建立中小学高层次人才专项编制周转池等方案，来破解编制制约问题；打造教育领军人才、教育家型教师等

□南城阳光中心小学的名师课堂　　（孙俊杰　摄）

□东莞市第一中学的名师课堂 （孙俊杰 摄）

培训品牌，破解教师成长梯队问题；全面实施校长职级制改革、建立中小学教师荣誉体系等，提高教师的职业认同感、价值感、荣誉感。

坚持人才为本，着力打造好校长、好教师、好教研员三支队伍，以树师资品牌为目标的“莞邑良师”行动计划呼之而出。根据计划，到2025年东莞努力实现公办中小学专任教师增量、高级职称教师增量比“十三五”翻一番，引进培育一批基础教育高层次人才。

为此，东莞出台了基础教育领军人才、教育家型校长和教师、卓越教师、未来名校长四份培养方案，完善名师、名班主任、名校长工作室管理办法，计划用5年时间培养30名教育领军人才、150名教育家型教师、2500名卓越教师和300名未来名校长培养对象，评选550名名师、名班主任、名校长工作室主持人，搭建起与省相衔接的高层次人才培养体系。

学有优教，说到底包含了教育最朴素也最动人的愿景：让教育发展惠及每一所学校、每一名学生、每一位教师。品牌学校建设，构建起东莞高品位办学格局，为学校发展涂上品牌底色；品质课堂，让教学变革直抵教与学一线，关注学生获得感；以前瞻性思考、全局性谋划、全市一盘棋统筹推进的“莞邑良

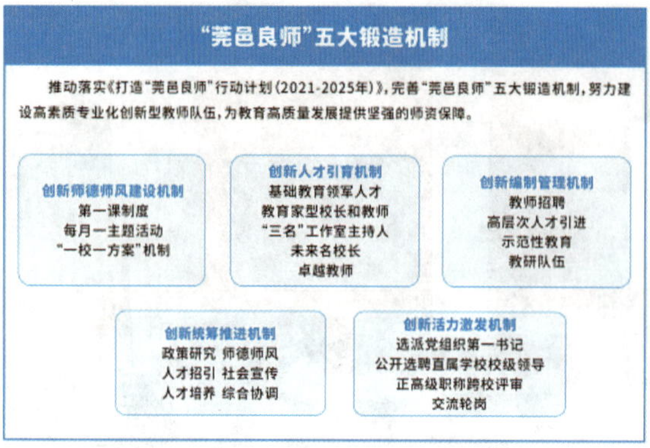

□ “莞邑良师”五大锻造机制

师”行动计划，则让东莞师资提质“加速度”跃然纸上，一以贯之践行教育品牌化思路，深化并丰富了品质教育内涵。

◎制度创新完善释放教育活力

作为学生成长和实施教育教学的主阵地，学校是推动“莞邑良师”行动计划的参与者和实践者。

师资作为品牌学校建设中的重要一环，完善的制度、系统的培养理念与队伍打造让一批品牌学校先行一步，120所品牌学校也成为东莞推动落实“莞邑良师”建设的中坚力量，持续释放品牌价值与辐射影响。

比如松山湖实验中学，通过构建清晰的名师成长路径，为学校“创造教育”品牌培育创新型教师：一是针对新教师实施暑期岗前培训、每周校本培训等“入门培养”；二是针对青年教师实施品牌课例展示活动、校级教研交流等“骨干培养”；三是针对骨干教师实施“风格培养”，通过外出学习等课题研究助推成为市级以上学科带头人、名师；四是针对教师文化实施“成长共同体”打造；五是实施“课题孵化”模式，发挥学术委员会作用，实现教研引领。东莞市第六高级中学通过启动大培训推动教师角色转型、基于大课程研发整合良师雁阵、推进大优课评选提升核心技术，培养引领未来、勇于创新的“莞邑良师”队伍；在东莞中学南城学校，学校通过同伴协助和学习型组织的建设，使得教师在团队合作中不断行动、不断提升。学校校内“学术委员会”为教育教学教研提供全面参考意见，“集体备课”打破老师们单打独斗模式，师徒结对“青蓝工程”打造了教师成长共同体。

上述三所学校的做法，是东莞推进“莞邑良师”行动计划中，品牌学校持续深化师资队伍建设的代表。以学校为主场的教师队伍提质，激活了学校师资培育的内驱力，为高素质人才储备提供后备力量，在集团化办学、区域教育交流、品牌经验辐射等多重作用下，以品牌学校为样本的师资队伍建设引领更多学校向前。

而作为校内教师培训、专业发展的补充与延伸，各镇街（园区）同样在行动。寮步镇提出结合镇内教师实际情况，分类（幼儿园类、中小学类），分层（新教师、青年教师、骨干教师、老年教师等）制定寮步教师专业发展规划；茶山镇提出提升教育高层次人才引进和配备工作，完善“六名工程”选拔和培养体系，在全社会营造尊师重教的良好风尚，多措并举打造一支高素质专业化的教师队伍。

立足全市，除了为教师成长搭建层层递进的成长体系，东莞还提出要建立面向全市的精准培训体系，包括健全分层分类递进式教师发展体系、提升校长办学领导力和提升教研员研究、指导与服务能力。其中针对教师发展培训，实行每五年一周期的中小学（幼儿园）教师全员培训制度，发挥“市、镇、校”三级培训机构主体作用，构建相互联动、相互衔接的培训机制。

从学校到镇街（园区）、再到全市层面，让逐级推进、分层分类实施的教

□松山湖实验中学，通过构建清晰的名师成长路径，为学校“创造教育”品牌培育创新型教师
（孙俊杰　摄）

□东莞中学南城学校，学校通过同伴协助和学习型组织的建设，使得教师在团队合作中不断行动、不断提升（孙俊杰　摄）

师成长路径规划不仅有了样本的参考，也有了完善的制度支撑，夯实了教师发展基础。拓宽教师发展的视野及格局，激活教师职业发展与专业进步的内在动力。

在教育领军人才、教育家型教师、卓越教师、未来名校长、名师、名班主任等评选竞争赛道上，提升全市师资整体素养，形成更高质量、更高水平的竞争生态，良性的循环机制推动教师专业成长迈向新高度。

◎推陈出新强化“教在东莞”品牌

一头连接学校教育教学，一头连接学生及背后的家庭，作为其中的纽带，教师是立教之本、兴教之源。

秉承用一流的教师队伍支撑教育高质量发展，用良好的教育环境增强城市对人才的吸引力，自“莞邑良师”行动计划推出后，东莞不断优化教育举措、推出创新活动，从教师专业发展提升引领、教育系统师德师风建设等多维度出发，营造“教在东莞”的氛围与口碑。在这其中，品牌学校的高质量师资成为其中关键的助力。

依托东莞市中小学教师发展中心平台，2021年1月8日，东莞市“七棵树”莞邑良师沙龙启动并举办首期活动。围绕“守正创新，预见未来”主题，来自东莞外国语学校、松山湖实验中学、常平中学初中部、沙田实验中学四所品牌学校的校长从学校育人理念与实践出发，与30多名嘉宾共同研讨“未来学校的核心要素，传统学校如何变革适应未来教育需要”。

在推动实施“莞邑良师”行动计划中，“七棵树”莞邑良师沙龙成为一个汇聚品牌力量的“能量场”。品牌学校校长代表、教师代表频频受邀参与，通过不定期活动开展，交流经验、展示成果、凝练思想，发挥名师名校长名班主任示范带动作用，提升东莞教师团队素养与专业化水平，释放东莞教育活力与创新力。

2022年4月，东莞首批10名基础教育领军人才培养对象获得授牌，与此同时还评选教育家型校长和教师培养对象50名，新一轮（2022—2024年）名师、名班主任和名校（园）长工作室主持人250名，名师、名班主任和名校（园）长工作室主持人培养对象163名。“七棵树”莞邑良师沙龙随即策划推出了教育领军人才教育思想分享会和教育家型校长教师培养对象教育思想分享会，通过教育主张与教育思想分享，进一步实现学校育人理念和师资培养理念的传播

□2022年4月，东莞首批10名基础教育领军人才培养对象获得授牌　　（孙俊杰　摄）

□全国优秀教师、广东省特级教师、知名文史专家杨宝霖接受“我为什么当老师”师德师风建设主题月活动制作团队的采访（孙俊杰　摄）

与辐射。

而在首批教育领军人才、名师名校长的评选中，品牌学校校长和老师也成为其中的主力军。通过教育主张与教育思想分享，进一步实现学校育人理念和师资培养理念的传播与辐射。

一方面搭建高水平交流平台，传递东莞教育领军人才、名师名校长等教育思想，培育育才氛围；另一方面，东莞释放广纳教师人才、求贤若渴的信号，实现引才效果。

2021年10月19日，东莞教师招聘宣传片《东莞品质教育，你来成就未来》发布。片名“成就未来”一语双关，一指新教师的未来，二是指东莞教育的未来，呼吁更多优秀人才加盟教育。而在新教师加入东莞之后，“见习教师规范化培训”将帮助他们实现上岗前快速成长。

2022年是东莞新教师规范化培训的第五年，此举不仅完善了东莞教师培训体系、规范新教师的职业技能和要求，也进一步兑现东莞教师招聘“招进来、留得住、培养好”的承诺，擦亮“莞邑良师”品牌。

打造“品质教育”、实现“学有优教”目标，离不开每一位教育工作者的参与付出。从2021年10月开始，东莞在教育系统广泛开展“我为什么当老师”大讨论，围绕“寻找身边的张桂梅”主题，2022年以来推出“我为什么当老师”师德师风建设主题月活动，以此传颂身边的师者力量。

一流机制聚集一流人才，当前东莞还在探索建立导向鲜明、科学规范、分层分类、有效管用的中小学教师荣誉体系，大力宣传优秀教师典型事迹等，通过标杆示范引领，提高教师的自豪感和荣誉感，吸引更多优秀人才来莞从教。

“海纳百川”体现了东莞开放包容的城市气质与城市精神，而今东莞教育也以开放姿态拥抱一流教育人才，努力培育“大先生”、成就“莞邑良师”，强化“教在东莞”品牌，为东莞高质量发展提供强有力的教育支撑。

【经典案例】

“我为什么当老师”大讨论激励莞师成为“大先生”

2022年春季开学前夕，东莞全市中小学、幼儿园约10万名教师“同上师德第一课”，以特别的方式叩问为师初心。

此次活动由三部分组成，第一部分观看师德教育视频——“时代楷模”张桂梅先进典型事迹；第二部分全体教职工围绕“我为什么当老师”主题展开大讨论；第三部分校（园）长同上师德第一课，结合当前师德师风建设新形势新要求和本校师德师风建设工作实际，引导全体教师把教书育人和自我修养结合起来，争当有理想信念、有道德情操、有扎实学识、有仁爱之心的“四有”好老师。

□2022年春季开学前夕，东莞全市中小学、幼儿园约10万名教师“同上师德第一课”，以特别的方式叩问为师初心
（孙俊杰　摄）

□2021年10月在全市教育系统首次触电开展“我为什么当老师”主题沙龙　　（孙俊杰　摄）

师德立，则教育兴；师德兴，则教育强。品牌学校建设等一系列行之有效举措的实施，助力东莞教育扩容提质迈进“快车道”，立足“双万”新起点，要持续推动城市高质量发展，东莞迫切需要构建与城市地位相匹配的高质量教育体系，其中关键的一环就是建设一支高素质、与之相适应的高素质教师队伍。

正是在这样的背景之下，东莞开始探索教师队伍的提质升级，打造“莞邑良师”品牌与口碑。从2021年10月在全市教育系统首次触电开展“我为什么当老师”主题沙龙，再到10万教师“同上师德第一课”，落实立德树人根本任务、聚焦“学有优教”发展目标，东莞将师德师风建设摆在首位，以“寻找身边的张桂梅”为切入口，持续挖掘“我为什么当老师”的高度、深度。

2022年以来，东莞创新大讨论活动形式，将“我为什么当老师”打造成为东莞师德教育新品牌，以每月一主题形式常态化开展“同上师德课”，深度挖掘在莞为师的价值，以此激活广大教师更大格局、更大作为的内驱力，悉心培育“大先生”。

比如2022年3月的主题，将视角聚焦在两度迎战疫情的大朗镇，记录和讲述了六位不同岗位、不同身份教育工作者的所行、所思和所感，由此发现并传颂在疫情防控背景下，教育人积极抗疫的故事，彰显和弘扬身边的“张桂梅精神”；4月围绕教师专业精湛精神展开，通过全国优秀教师、广东省特级教师、知名文史专家杨宝霖先生孜孜跎跎、献身教育事业40载不忘初心、刻苦钻研、严谨治学，影响几代教育人的动人故事，深刻阐述老师因执着专注而专业精湛；在以沙龙形式开展的“领军人才谈‘经师’‘人师’”主题中，通过东莞首批基础教育领军人才培养对象分享亲历故事，引导广大教师深入学习贯彻习近平总书记在中国人民大学考察时的重要讲话精神，把为学、为事、为人统一起来，以德立身、以德立学、以德施教，做塑造学生品格、品行、品味的“大先生”。

有好老师，才有好教育，对于人口超千万、有170万在校学生的东莞来说，打造高素质、专业化、创新型的“莞邑良师”队伍，是助推东莞“学有优教”高质量发展的重要举措，也是后品牌时代实现教育深化与变革中不可或缺的力量。教师要成为大先生，做学生为学、为事、为人的示范，促进学生成长为全面发展的人，这既是党和国家对广大教师的谆谆嘱托和殷切期盼，也是新时代教师队伍建设的总方向、总目标。

外修于行、内修于心，在“我为什么当老师”的叩问之下，东莞将涌现、培育更多“大先生”。

3. 落实“双减”为教育增效赋能

2021年度十大流行语中，“鸡娃”一词赫然在列。

“鸡娃”现象给中国教育敲响了警钟——在越发激烈的竞争环境中，动辄两三个小时都完不成的作业、被各大培训班“瓜分”的童年，以及诸如“教育抢跑”“赢在起跑线”的理念，都越发司空见惯——教育中存在的短视化、功利化让中小学生背负的压力越来越重。

2021年7月24日，中共中央办公厅、国务院办公厅印发《关于进一步减轻义务教育阶段学生作业负担和校外培训负担的意见》，在全国范围内正式拉开了“双减”大幕。

减负增效，根本之策在于全面提高学校教学的质量，守住学校作为教育主阵地的底线，这与东莞在打造品质教育过程中长期坚持的“品牌＋”理念不谋而合，百余所品牌学校也正在为达到这一目的而不懈努力着。

◎减负让教育回归初心

2021年暑假，东莞围绕校内“减负增效”和校外培训治理等方面迅速行

□东城虎英小学，学生们在音乐室观看教学视频，笑得合不拢嘴　　（孙俊杰　摄）

动，结合学生、家长的需求向内改革：一方面，加强校外培训机构的规范治理；另一方面，督导各中小学规范作业管理，探索教育教学过程性评价体系建设，真正实现“减负增效”目标。

“双减”最终还是回归教育本质、回归学校育人的主体。这样的向内探索，在三年来东莞开展品牌学校培育期间便打下基础，东莞的各品牌学校已经做好充足的准备，应对“双减”这场教育“革命”，以实践出一条可复制的道路。

东莞市第二批品牌学校、东城虎英小学提出从教育内涵发展的视角，系统性重构促进学生健康成长的学校教育新生态，努力让校园里的每一个人过上从容、美好、高质量的“一日学习生活”。作为“新晋”品牌学校，在厚街镇前进小学，数学课堂不再是课本上的加减乘除，而是变成了一项项闯关游戏；速算、认识图形、认识钟表等能力的考评，也从冷冰冰的分数变成了不同数量的“小星星”。这样的“闯关大挑战”不仅可以锻炼学生的数学水平，通过与“考官”的沟通、与同伴的合作，学生们的语言表达和团队协作能力也得到了锻炼。

为了让课后作业更有“性价比”，莞城步步高小学的老师们把作业当成课题来设计。在品牌学校培育过程中，各学科就有意识地以集团工作坊、教研组、备课组为研究单位，聚焦“素养”，探索“有思维品质”的作业，设计出基础类、拓展类、实践类三类作业，并坚持每日在电子班牌公示作业，接受全校家长监督。

如何让考试不再成为学生的“心结”？长安镇中心小学用6年的“游园化考核”给出了答案——在“神舟号”给物资称重、计算价格，体验生活中的数学；在“天宫号”辨认方位、识别星貌，身临其境学地理……一个个主题场馆串起了语文、数学、英语、科学等多学科知识，“学中玩、玩中考”成为现实，这同样也成为学校品牌特色中亮眼的一环。

在减负前提下保持和提高教育质量，才是改革真正想要达到的目标。因此，“双减”政策下的教学改革，应聚焦学科核心素养，更加突出学生的主体地位，培养学生的深度学习能力。

松山湖中心小学在品牌学校建设期间提出了“问题＋”的新样态深度学习法，与“双减”所要求的“向课堂要效能”不谋而合。所谓深度学习，不是深在知识难度上，而是要精心设计问题情境和探究活动，激发学生主动学习的欲

□镇田小学的学生正在玩“时空穿梭机”（袁娅珊　摄）

望，引导学生借助已有知识和经验，开展探究性学习；在渗透学科深度的同时，更多地延伸学生的思维深度，以催化学习的热度、丰盈课堂的厚度、实现“减负”的效度。

与此同时，东莞的校外培训情况也得到了强有力的治理：大力压减学科类校外培训机构规模、全面完成校外培训机构“营改非”、加强校外培训机构预收费监管等举措，让教育规律和教育生态逐渐回到正确的轨道上。

伴随品牌学校内涵建设而制定的“一校一案”落实之后，“双减”为家长的焦虑情绪打开了纾解的窗口，也为孩子们的健康成长营造了良好环境，更是深层次推动了教育观念、教育体系、教育评价等多方面的“品质蝶变”。

◎“无作业日”的尝试与新意

“妈妈，今天没留作业，我就没带书包回家。”第一次听到女儿这样说，东莞家长袁女士有些讶异。上小学以后，女儿晚上回家的大部分时间都是用来做作业。

在传统的中国应试教育模式下，作业与上课、考试一样，是构成学生学习生涯的“三驾马车”之一。但却鲜少有人质疑：教学质量是否真的要靠繁重的作业来保障？

2021年8月31日，东莞制定《东莞市教育局关于加强义务教育阶段学校作业管理与优化设计的实施意见》，除了优化作业设计、合理确定各学科作业比例结构和总量外，鼓励设置“无作业日”是打造品质教育之路上，一次较为大胆的尝试。

一方面，“无作业日”是给老师们留的“新作业”。推行“无作业日”的初衷，就是要转变教师的教学理念，多在课堂上下工夫、提高课堂效率，在40分钟内快节奏、大容量、高效率地完成教学任务，尽量为学生的健康成长和个性发展留出空间。

另一方面，对于习惯了把辅导作业当成亲子沟通方式的家长们，突如其来的“面面相觑”让他们显得有些手足无措。“以前孩子一放学回家，我们家长就是督促她写作业，现在时间空出来，我就要想想陪她一起做点什么，比如运动、游戏、做手工？用更加有意义的亲子沟通来安排好这些空闲时间。”袁女士直言，“双减”后亲子教育如何归位，也成了家长仍在研究的命题。

在破题的过程中，东莞的品牌学校凭借走在前列的经验站了出来，通过生活实践、亲子活动、志愿服务等方式，让家长和学生走出被动的“无作业日”，转变为主动式的“自主安排日”。无作业、有成长，“无作业日”让孩子们能在温馨、快乐、有意义的家庭活动中体验成长的快乐。

例如在南城阳光中心小学，每周三是“无作业日”。语文科组建议学生和家长一起阅读并表演寓言故事；数学科组让孩子们用步行、骑车、坐车等方式体验1千米的长度；英语科组还创新地和劳动课结合，邀请同学们全程用英语介绍制作沙拉的过程。通过将学生所学的知识引向纵深，学生的作业观念也经历了从“要我做”到“我要做”的转变。

而在谢岗镇中心小学，每周五是“无作业日”，学校会全面推行“五个一”活动，即“有一段共同读书的时间，有一个喜爱的健身项目，有一次家务劳动，有一个兴趣特长培养的健康活动，有一次亲情的聊天”，让孩子们在亲子阅读、健身运动、兴趣活动中收获幸福的童年。

东莞的品牌学校之间似乎已达成某种共识：作业的核心功能在于精准、有效解决学生课堂学习的问题，它不是学习的必需品，也不应成为学生的包袱。

通过“无作业日”，空出时间让学生拥有更多亲近自然、走进社会的机会，以实践活动增加孩子对知识的兴趣、锻炼孩子的思考和分析能力。

◎家校携手助力学生全面成长

“双减”成效的取得，很大程度上需要家长的配合，优化家长的观念，让家长成为积极的参与者。事实上，“双减”是一场长期的系统性变革，牵一发而动全身，对于家长来说，应抱持孩子更长远发展、教育更健康发展的认识和理解来看待。在品牌学校培育过程中，许多学校都意识到家庭教育、家校协作的重要性，因此，在“双减”之下，由学校引导家长更新育儿观念、密切与学校老师的联系是关键。

“双减”之后，品牌学校最先站了出来，南城阳光中心小学推出了“1＋X”成长模式，精心指导儿童和家长完成“语言与阅读、数学与实践、英语与生活、运动与健康、艺术与审美、劳动与创造”六大类学习成长项目。给家人讲故事、玩成语接龙、表演寓言故事等实践作业，让家长可以深度参与到孩子的成长中。

□东莞全市中小学同开一场家长会录制现场 （孙俊杰 摄）

□南城阳光中心小学推出了“1+X”成长模式，精心指导儿童和家长完成“语言与阅读、数学与实践”等六大类学习成长项目（孙俊杰　摄）

上海终身教育研究院执行副院长，华东师范大学教授、博士生导师李家成认为，“双减”政策的出台对家庭教育不仅提出了要求和建议，而且提供了机遇和空间，即解决家庭教育学校化问题，重建家庭教育的取向与目标、主体间关系、时空结构、资源投入等。他表示，家长应发挥好家庭教育自身独特的功能优势，引导孩子健康发展、全面发展；由家长带动家庭学习，改进家庭教育的整体生态。在这一过程中，家长要注重发挥自己的领导力，主动推动家、校、社协同育人体系建设。

中国教育科学研究院基础教育研究所研究员、北京师范大学心理学院博士单志艳认为，家长可以借机进一步研究孩子发展的理想状态，理解“学习”的真正内涵，把培养人格健全、适应社会的孩子作为家庭教育的主要目标，让孩子有自我、有兴趣、有朋友、有爱心、有追求，带领孩子在生活中学习，在学习中生活，更多地体验人生之美。

与此同时，家长也要意识到“双减”之后的教育生态也会有所变化。中国教科院国际与比较教育研究所所长、未来学校实验室主任王素认为，未来的学习方式不再是基于书本的机械性重复性学习，更多的是在真实世界中解

□ “赋能生命·快乐生活”——高品质家庭教育与心理健康教育名家论坛第六期关注《“双减”下的未来家校共育》

决问题；也会在技术赋能的条件下实现大规模的因材施教，实现个性化学习；同时教育途径也会发生相应的改变，不仅发生在学校内，还会在学校外，因此家长要参与孩子的各种活动、参与配合学校工作，这是家长送给孩子最好的礼物。

【经典案例】

以松山湖、寮步为代表的区域“双减”实践

减轻学生的课业负担后，如何切实保证“双减”长久见效？东莞的教育人早早意识到了这一点，特别是在松山湖和寮步等镇街（园区）的品牌学校里，落实“双减”已经被写入了品牌学校发展的规划方案中，细化到课堂、作业、考试、课后服务等多个维度，并纷纷采取家校共育、标本兼治、综合施策等有效措施，让学习回归校园。

以松山湖中心小学一年级数学《左右》的课堂为例，老师通过课堂前测得知，绝大多数孩子已经可以分清左右，那么再去细致地教如何分辨左右就显得冗余，于是教研组就把课程核心定为通过多样的数学实践活动，引导孩子把“左右”应用到自己的现实生活中。

于是课堂上，老师会用顺口溜引导孩子们做“身体操”，请同学用前后左右形容如何从教室门口走到座位上，在一次次实践中，熟练掌握辨别方向的能

□松山湖实验中学的“品质课堂”建设就是以“学历案”为依托，促进教案变革、课堂优化转型，创建适合每个学生的课堂

（孙俊杰　摄）

力。这样的课堂上没有教师"满堂灌"、学生机械学，也没有"表面热闹"的小组合作学习，取而代之的是学生独立学习与协同学习的相互补充。

与松山湖中心小学类似，松山湖实验中学的"品质课堂"建设就是以"学历案"为依托，促进教案变革、课堂优化转型，创建适合每个学生的课堂。通过"学历案"的设计，引导教师积极关注学生是否学会及何以学会，以学生"学"的过程来设计课堂学习任务，以逆向设计的思路实现教、学、评的一致性。

"双减"突出要减的一个重要方面就是校内课业负担，曾应邀为东莞教育界做专题讲座的上海市教委教研室副主任王月芬认为，作业是折射学校教育价值观和专业水平的"名片"，是"教学"与"评价"相结合的支撑点，是学校、社会和家庭的连接点，也是影响学生学习兴趣、负担和成绩的关键点。这方面品牌学校同样走在前列：

在寮步镇香市小学，教师会针对学生的年段特点和具体学情，有效设计作业，充分发挥作业诊断、巩固、学情分析等功能，将作业设计纳入教研体系，系统设计符合学生年龄特点和学习规律的作业；鼓励布置分层作业、弹性作业和个性化作业，科学设计探究性作业和实践性作业，探索跨学科综合性作业；并依托"品质课堂"系列教研活动，扩大优质作业资源覆盖面。

□寮步镇香市小学的教师富有感染力地给学生教授课程 （孙俊杰 摄）

□寮步镇香市第一小学的老师和一年级新生玩游戏，加深之间的了解，让学生尽快融入集体

（孙俊杰　摄）

与此同时，作业布置并完成后，批改也是重要的一环。寮步镇香市小学要求教师认真批改作业、及时做好反馈，加强面批讲解、认真分析学情，做好答疑辅导。对学习有困难的学生进行补习辅导与答疑，为学有余力的学生拓展学习空间。

“减”掉了校内课业过重的负担，“提”升了教学质量和活动质量，如何检测学生的学习成果？这就涉及到考试的设计和评价体系的转变，而这同样也是品牌学校在培育过程中时刻思考的问题。

在香市小学看来，义务教育阶段，优秀的考试应该具有趣味性、拓展性和开放性，能够引导学生进行自主探索和深入思考，激励学生将学到的书本知识应用到实践中，从而实现知识的融会贯通和能力的自主发展，充分发挥考试的正面价值。

寮步镇香市第一小学选择用游戏的方式对孩子们进行综合能力的评价，同学们不需要试卷或纸笔，只要带着一张“闯关卡”，就可以完成一天的“考试”。在语文乐园，学生靠掷骰子抽取古诗文背诵题；在数学天地，尝试用七巧板拼出十二生肖；在学科驿站，整理书本、叠衣服、唱“每周一歌”等混搭项目考察综合能力……

除了推动教学改革，“双减”还为转变教育观念、提升教学水平、提高学生综合素养提供了契机。东莞的品牌学校正努力带动学校、社会、家长齐心协力，让学科回归本质、让教育回归初衷、让学习回归本位，用“一朵云推动另一朵云”。

4. 教育服务为民惠民

教育具有公共性、普惠性、基础性、发展性等特征，当东莞迈上“双万”新起点，如何让千万人口与城市共生共荣的考题中，“更加注重教育公平”是应有之义。

解决家庭的实际难题，承担起课后服务的责任；为特殊学生、残疾儿童等特殊群体提供更高质量的公共教育服务，勇于担当——让每个孩子在家门口就能享受到公平、优质的教育，是东莞正在行动的方向。

◎课后服务实现两个“全覆盖”

对于广大青少年儿童而言，“双减”之后，感受到的主要变化不外乎校外培训取消了、课业负担减轻了、自由支配时间变多了，但这段“空下来”的时间要怎么过才能更有意义呢？

“430服务”应运而生——校园时光除了常规的学习外，还有一部分被归到了兴趣拓展的范畴里。学校除了具备组织学生完成作业、加强面批讲解、做好答疑辅导等功能来保证课后服务的基础性之外，还应结合实际开发文艺、体

□常平镇中心小学的制作版画活动 （孙俊杰 摄）

育、劳动、阅读、兴趣小组及社团活动，给予在校学生更丰富的人生体验。

可以说，“双减”政策的出台，对广大中小学提供的课后服务提出了包括但不限于“保证课后服务时间、提高课后服务质量、拓展课后服务渠道、做优做强免费线上学习服务”等方面细致而明确的要求。

因此在东莞，义务教育校内课后服务工作被列入为民服务的十件民生实事之一。2021年10月，东莞印发《东莞市2021年义务教育校内课后服务工作指引》，推进课后服务“5+2”模式，全面提升课后服务质量，坚决避免一刀切将学生留在教室自修、辅导，而是应遵循“自愿”和“普惠”两大原则，家长可以根据孩子的生理特点、年龄特点和家庭条件，对每天的“两课时”课后服务进行有针对性的选择。课后服务的内容包括基本托管服务和素质拓展服务两大类，在费用方面则以亲民惠民为主要原则。

2021年10月28日上午，东莞市教育局举办的东莞“双减”工作微发布会公布一组数据，经过一段时间的积极推进，全市的义务教育校内课后服务已经实现两个“全覆盖”：全市33个园区、镇（街）的公办和民办非全寄宿义务教育阶段学校，已为超过44.5万有需求的学生提供“公益非营利”的校内课后服务。学生及家长对校内课后服务的满意度均达到94%以上。

而课后服务的探索之路并不会止步于漂亮的数据。得益于东莞“直筒子

□南城阳光第二小学的阅读分享空间　　（孙俊杰　摄）

市”的特点和“十四五”期间打造品质教育的契机，东莞的33个镇街（园区）将课后服务与镇街教育特色品牌有机结合，制定“一镇一策”的实施方案，突出区域特色；再由各镇街学校充分发挥主体作用，结合品牌学校建设，开辟“一校一案”的课后服务方案。在“比学赶帮超”的氛围中，推动东莞市校内课后服务工作在两个“全覆盖”基础上进一步实现量与质的“双提升”。

于是各学校纷纷拓展课程资源、教师资源和空间资源，把课后服务做的“百花齐放”：在松山湖第一小学，除了基础性课程外，学校还提供涵盖“科学、艺术、人文、体育”等领域的五六十项精彩纷呈的拓展性课程，无论是否有相关特长，只要学生感兴趣，都能在丰富的课后服务“自助餐”中找到最适合自己的那一款。寮步镇香城小学则以学校“体育＋艺术”的办学特色来开展课后服务，每天都有超过一半的学生放学后出现在操场上，参加篮球、足球、乒乓球、舞蹈等多项体育艺术课程的学习；东城的课后服务则充分利用起校外课程资源，建立了街道公办小学校内课后服务资源库，以走班的形式开设起书法、魔方、创意艺术、编程、机器人等60多种素质拓展课程。

校内课后服务的普及也让家长感受到了实质性的变化。一方面，学生放学与家长下班中间的时间差被优质的托管和素质拓展活动代替，家长无需为孩子放学后的去向和安全担忧；另一方面，相比于校外动辄上千的培训费，校内课后服务质量有保障，以更优质、更丰富的服务满足孩子们多样的兴趣爱好需求。

在不少品牌学校走出先行经验后，东莞提出要在全市范围内充分利用好图书馆、科技馆、青少年活动中心（宫）等社会资源，利用国家、省、市教育教

□塘厦镇中心小学的高尔夫课程　（孙俊杰　摄）

学资源平台，免费向学生提供高质量专题教育资源和覆盖各年级各学科的学习资源，允许学校通过合作开发或采购方式引入有资质的专业机构提供课后服务。

同时为保证课后服务的普惠性，东莞将继续提供财政补贴和政策支持，支持和鼓励本校教师承担课后服务，也可聘请退休教师、具备资质的社会专业人员或志愿者参与；教育部门还可以组织区域内优秀教师到师资力量薄弱的学校开展课后服务，进一步促进课后服务的资源公平。

◎“融合教育”让特殊儿童不特殊

所谓“特殊孩子”，有些是先天因素使然、有些是后天因素造成，他们都有属于自己的独立思想和独特个性。倡导特殊孩子进入普通学校，进行融合教育，是希望能给他们创造更好的学习环境，在家门口享受公平、优质的教育。然而，特殊孩子要想真正融入学校、融入班级，需要社会、家庭、学校共同配合，接纳他们的特性，用心创设温暖环境，帮助特殊孩子健康成长。

四年级的小成（化名）是南城阳光第六小学的一名学生，和其他孩子有些不同的是，他上课的教室里除了书桌椅、黑板等设施设备之外，还有小沙发、按摩椅、注意力训练系统等设备——这是南城阳光第六小学的特殊教育班，也是东莞市普通中小学的首批特教班之一。

小成患有注意力缺陷多动症，大部分时候无法安静专注地上课。根据小成的情况，学校为他设计了“个性化课程表”，从教学到活动游戏，让小成逐渐学习与同伴交流分享，也让他能够控制自己的行为和脾气。

这是东莞融合教育的一个缩影。根据计划，东莞力争到2023年实现全市每个镇街至少有一所公办中小学开设特教班，做到“镇镇都有特教班”；到2025年，基本形成以普通学校为主体，特教学校提供专业指导，按需提供特殊教育服务的融合教育发展格局。

2021年5月，东莞召开普通中小学设立特教班试点工作会议，选择南城阳光第六小学、茶山镇中心小学和石排中学作为东莞市普通中小学首批特教班试点学校。

有了“打样”的动力，南城阳光第六小学相继出台融合教育工作小组、随班就读教育教学管理制度、特教班运行管理制度、特教教师工作职责等工作架构和制度，让融合教育向更加规范化的方向进步。

□南城阳光第六小学的普通学生体验特殊学生的学习生活
（南城阳光第六小学供图）

□南城阳光第六小学教师定期会开展融合宣导课，通过开展“如果你看不见”“如果你有读写困难”“如果你只剩一只手”等活动，让普通学生亲自体验特殊学生的学习生活
（南城阳光第六小学供图）

每天上午，存在智力障碍、自闭症、注意力缺陷多动障碍等类型的几名特殊孩子会来到特教班，进行生活语文、生活数学、生活适应、团体社交、注意力训练和劳动技能等课程的学习；而到了大课间和下午，他们就会与自己原来班级的小伙伴一同学习音乐、体育、美术等活动类课程。

融合教育并非“课程混合”这样简单的形式融合，南城阳光第六小学专职资源教师认为，有了特教班，教师们就可以根据每个孩子的能力量身定制教学计划，为每一位有特殊需求的学生提供更合适的教育。

融合教育的价值体现在，不仅能改善特殊儿童的社会化发展和社会功能，还能培养一般儿童善良、友爱等品质，帮助他们理解多元化世界。学校可以通过创建包容接纳的文化氛围，引导普通学生在与同伴相处的过程中，认识到个体的独特性和差异性，学会友爱互助，为他们成年后面对开放的世界打下良好的心理基础。

因此，南城阳光第六小学定期会开展融合宣导课，开展“如果你看不见”“如果你有读写困难”“如果你只剩一只手”等活动，让普通学生亲自体验特殊孩子的学习生活，以此来更好地与他们相处，减少因不了解而对特殊孩子产生的排斥、恐惧心理。

当然，在各镇街的公办中小学设立“特教班”并非东莞关注“特殊儿童”教育公平的唯一做法。从2014年出台并实施《东莞市第一期特殊教育提升计划》，开办了融合幼儿园和培智职业高中班；到2016年将“特殊教育蓝天工程”列为东莞教育“十三五”规划十大重点工程之一；再到2019年、2020年，东莞康复实验学校和东莞启智学校先后进行增班扩容，2021年试点建设“特教班”，2022年实现“特教班”各镇街全覆盖。

作为省内融合教育的先行地区，东莞市已初步构建了以随班就读及特教班为主体、特殊教育学校为骨干、送教上门为补充，涵盖学前教育到高中阶段教育的特殊教育体系，以此满足不同特殊学生的多样化需求和愿望，努力保障特殊孩子有学上、上好学。

【经典案例】

南城：全市课后服务改革实践基地的“双减”探索

开展课后服务是彰显区域教育办学特色、强化学校育人主阵地作用的重要途径。东莞的33个园区、镇（街）落实“一镇一策”要求，将课后服务与镇街教育特色品牌和学校品牌有机结合，指导推进辖区校内课后服务工作。

近年来，南城街道的“阳光教育”品牌家喻户晓，全街道的7所品牌学校形成了“你追我赶，百花争艳”的喜人局面，是“阳光教育”品牌的形象代表和缩影。延续品牌之光，南城继续打造了“阳光教育”的课后服务品牌工程，并被推荐为全市课后服务改革实践基地，努力创建成为全市乃至全省具有较大影响力的课后服务示范区。

在课后服务改革方面，南城教育管理中心不断发挥品牌学校的示范、辐射与引领功能。例如在首批品牌学校南城阳光第二小学，全校2662名学生全部免费参与课后基本托管，内容包括每周一歌、自主作业、教师答疑等学习活动；

□南城阳光第八小学老师在课后辅导学生作业
（南城阳光第八小学供图）

到了素质托管时间，学校整合了校内训练队和第三方机构资源，开设舞蹈、合唱、书法、软陶等40多门个性化课程，让学生在课后服务中陶冶性情。

而早在2020年，第二批品牌学校南城阳光中心小学就启动了430服务，开设了包括小记者、无人机、阳光阅读、创意美术等30多项体育、艺术和科技项目，每天参与学生约3000人次，既解决了家长接送孩子难的问题，也促进了学生的综合全面发展。

2021年底，南城阳光第八小学举办全市镇街课后服务优质示范“互比互看”展示活动，该校的课后服务由作业基本托管和素质拓展托管服务两个板块组成。每天下午最后一节课的铃声响起，同学们会首先在老师的陪伴下完成作业；作业完成后，参加社团活动的同学们就会有序来到相应的场室，在各社团教师指导下，按照规定课程开展活动、训练和教学。

南城阳光第八小学的素质拓展课程由两部分组成，一部分为学校教师授课的特色课程，包括了艺术、语言、科学、体育、综合实践、信息、心理等7类20门课程；另一部分为向第三方购买的课程服务，包括2类16门课程，全校参加素质拓展服务的学生人数达到了51.1％。经过一段时间的学习，篮球、足球、高尔夫球、舞蹈、合唱、美术、陶艺、科学实验成了孩子最喜欢的项目。

□南城阳光第八小学舞蹈课程　　（南城阳光第八小学供图）

□南城阳光第八小学老师在辅导学生画画（南城阳光第八小学供图）

在奖励式的督促管理下，课后服务不再是纯粹拓展兴趣的“小打小闹”，素质托管的课程设计更加高标准、严要求，成绩也十分喜人：语言表演艺术班的作品《喜看稻菽千重浪》在全市经典诵读比赛中获一等奖；儿童戏剧作品《英雄》获“百剧庆百年”广东省少先队献礼建党100周年红色儿童剧目展演活动街道第一名、市二等奖等奖项。各项成果、成绩不仅是课程质量的证明，更重要的是能让孩子们在体验成功的过程中，潜能得到挖掘、个性得到张扬。

放学后的时间已经越来越充实，漫长的暑假里，孩子要如何度过一个有意义的假期呢？“双减”后的首个暑假，南城街道的11所公办小学及部分民办学校积极主动谋划，为有需要的家庭与学生提供基本托管服务，组织学生在教室、图书馆、运动场等活动场所，开展集中自主阅读、完成暑期作业等活动。同时，学校根据学生需求开展校内艺体、科普等社团活动，以及拓展训练、劳动教育和职业体验等兴趣类素质拓展课程，助力学生德智体美劳全面发展。

【经典案例】

茶山镇中心小学：品牌学校为融合教育“打样”

2022年3月，新冠肺炎疫情突袭东莞，全市中小学的学生们转为居家学习，这其中也包括在茶山镇中心小学随班就读的6名特殊孩子。和普通孩子相比，没有校内专门的资源教室和老师面对面的辅导，居家学习对于这些“来自星星的孩子”来说，更具挑战性。

作为特殊教育老师，茶山镇中心小学的教师刘雅婷深感肩上责任厚重，自从得知线下停课开始，刘雅婷就立即根据孩子不同的情况，制定好了相应的学习方案和安全指导。

针对手部精细动作不足、注意力不足的学生，刘雅婷建议家长用择菜、分豆、折纸等日常生活锻炼孩子的手部动作；同时利用便于操作的工具和方式，提升孩子的专注力和手眼协调能力，飞行棋、骰子等也化身成训练的工具。与

□茶山镇中心小学的老师在辅导特教班的学生

（茶山镇中心小学供图）

□茶山镇中心小学特教班的课堂
（茶山镇中心小学供图）

□茶山镇中心小学融合教育课《假如我是ta》，让普通学生了解特殊学生的学习生活（茶山镇中心小学供图）

此同时，生理上的缺陷并不能掩盖特殊孩子善良的光芒，感受到刘雅婷对他们的关怀照顾，几个孩子也纷纷用纸飞机、简笔画表示感谢。

特殊孩子与专职教师之间的温情互动并非个例。早在2018年，茶山镇中心小学就获批为全市首批随班就读示范校，2021年又被广东省教育厅评为省随班就读示范学校。目前，学校除了外购专业特殊教育服务外，还发展10多位校内普通教师学习特殊教育领域，并且为个训课建设专门资源室，为特殊孩子提供公平教育的机会。

融合教育的重点是“融合”。普特融合不仅是教学资源上的运用，更重要的是让普通同学与教师从心底接纳特殊儿童身体上的“个别化”，身心如一接纳对方。考虑到特殊孩子适应融入校园生活的进程相对较慢，学校还特意为他们设计了指导清单，学校老师会根据清单指导学生完成学习任务，并引导他们尽量随堂学习。

而融合教育的难点是使特殊孩子“普通化”。茶山镇中心小学就会在课堂上用小组合作的模式，建立4人小组帮助特殊孩子融入课堂，通过“团队合作学习”模式，可以培养特殊孩子与人交往的能力、合作能力，甚至沟通能力，比任何“迁就”都更有助于学生的成长。

四、绽放·深层次培育：
各美其美擦亮东莞品质教育

以品牌培育为契机，东莞品牌学校积极求变、探索，有学校全方位梳理办学内涵，有学校专注课程课堂打磨，有学校致力于管理改革，有学校着眼未来构建新样态。经过培育，这批学校全部获得东莞品牌学校认定。

品牌的认定不是终点，而是新一段征程的起点。如何找准定位明确前进方向，如何系统规划打造育人样本，如何整合资源丰富内涵建设，是每一所学校在每一个不同阶段都要深究的关键问题。透析品牌学校案例，有效尝试和理念价值，意在为更多学校提供品牌培育的方向思考。

东莞中学：构建教育生态平衡

1902年办学至今，毛炳权、何镜堂等多位中国工程院院士从这里走出，经过几代人的传承与创新，百年莞邑老校东莞中学（下称“莞中”）依然生机勃发，成为学生家长心之所向的学府。

一百多年来，莞中办学基本上是一脉相承，以前学校的办学思想没有统一的阐述，直到2004年，学校组织专家和骨干教师对办学思想做了全面梳理，明确办学目标：办一所与社会发展相适应的、能与世界先进教育对话的国内一流学校。立足学生培养，莞中系统地提出了学校办学目标、办学特色、办学理念、办学宗旨，倡导对每一位学生的终生发展负责。立足东莞品牌学校培育，学校再一次回归源头思考教育，希望从团队创新、课程建设、文化建设着手，力求自我突破，进一步为学生搭台，让学生获得适合自身发展的最好教育。

什么样的人能够适应这个社会未来的竞争？答曰：具有可持续发展能力的人。学校认为，教育思想要贯穿学生一生，为学生未来发展奠定思想基础、能力基础、情感基础和生活基础。培养可持续发展的人，具有实践能力和创新精神的人，这样的人才能适应社会未来的发展，才能更好的参与世界的竞争。回归教育原点思考，立足发展的前沿意识，莞中深入探讨该培养什么样的学生，以品牌创建为契机，返璞归真提出：守护教育终极价值，构建教育生态平衡。

“我们把教育看成一个生态系统，生态系统里边某个环节破坏了，它整个系统会受到破坏。比如学校校本课程的编写、课堂教学的评价，都是教育生态系统里的一环，人和事皆有序发展，才能保证教育生态系统平衡。”学校相关负责人表示，在新一轮办学思考过程中，莞中以构建满足学生发展需要的多元化教学模式、课程体系为抓手，不断激发团队活力，实现自我突破，把学校建设成为师生共同成长的内涵式发展平台。

师资是立校之本，也是学校竞争力的核心。莞中一方面建立以教坛新秀、学科骨干、市级教学能手、学科带头人、市级名师工作室主持人和省级名师工作室主持人为层级的师资队伍，切实跟进青年教师培养；另一方面，立足于“人”的工作创新改革，调动教师的积极性，如试行学校中层干部聘用改革，

□东莞中学立足品牌培育，回归源头思考怎样为学生创造最适合的教育　　　　（孙俊杰　摄）

用三年左右的时间，把行政、科组长、年级组长等中层干部过渡到全员聘用。换言之，跳出自我舒适区，在学校这个小生态圈里形成竞聘上岗机制，激发管理团队活力。经过中层干部的先行先试，进而过渡到对全体教师的考察、聘用管理制度，通过管理层的优化和激活，带动其他老师的管理和提升，最终形成一个可上可下、客观、公正的教师的评价标准。

一手抓团队，一手抓课程，围绕中国学生发展核心素养和莞中办学宗旨，结合未来课程改革和高考改革的新要求，莞中提出构建适合学生全面发展和个性化发展的“经纬型”课程体系，探索并积极推进与大学实施联合培养教学模式。具体说来，“经纬型”课程体系涵盖文化基础课程、自我成长课程及社会参与课程。以这三大类为统领，涉及学生校内、校外，基础、提升，艺术体育、社会实践、生涯规划等方方面面。

随着课程改革与课堂创新的深入推进，莞中课程建设亦历经迭代升级，如今升级至更有逻辑、更系统、更多元、更开放、更精细、更易行的“四梁八柱”多元生态课程体系。其中，“四梁”寓意教育之重任，在于培养国之栋梁；“八柱”为八类课程群，包括：学生发展指导课程、学科拓展课程、社团活动课程、文化活动课程、社会实践课程、学术素养课程、创新能力课程、教师发展课程，八个门类共开设一百多门特色课程。

与课程体系配合的是莞中“一核两翼”的教育行动，即以“构建教育生态平衡，提升莞中教育品质”为目标，以“课程教学为核心的行动”“师生发展为核心的行动”为两翼，把课程建设与教材研究结合，把品质课堂与评价改革相结合，把人才培养与学校特色发展相结合。由此，让学校教育的视线穿越学生生命发展的全程，为学生一生的可持续发展奠定思想基础、能力基础、情感基础、生活基础。

东莞中学松山湖学校：布局“追求卓越”的办学新阶段

东莞中学松山湖学校（下称“松湖莞中”）创办于2005年，与百年名校东莞中学一脉相承，又和而不同。创校之初，学校写下《给全体老师的一封信》，表达对梦想教育的追求：在学校里，有一块坚实的基石，那就是人的生命，希望在这里学习和生活的每一个人都是幸福的。立足学生培养，学校提出“对每一位学生的终身发展负责”，并衍生“卓越”教育，关注学生生命的成长。

以五年为一个阶段，松湖莞中在奔向“追求卓越”的第四个五年目标路上，搭上了东莞品牌学校培育的东风。什么是品牌？如何打造自己的品牌？自我的追问与实践加速了学校的提质。

在校园湖心草地举办音乐会、运动场教学楼顶变身天文社观星台、学生自导自演的话剧演出……2019年11月30日，松湖莞中举办品牌开放日，在这场以学生为主角的活动里，展现了学校独具一格的课程体系，包括76节国家课程、118门校本课程和30多个社团活动。与此同时，另一场关于“共建卓越课程，共育时代新人”的课程沙龙同步上演，高校、科研院所、科教单位的专家学者受邀入校，共同回顾利用社会资源开展卓越课程建设成果和经验，同时展望未来，探讨如何更好的利用好社会资源，创新未来课程的内容与课程形式，共建共育创新人才。

据了解，学校自建校时就开设了校本课程，此后不断完善。100余门校本课程，满足学生个性化的学习需求。针对课程的设计，一方面鼓励全体老师根据专业特长和志趣，自主开发课程并不断改进和完善；另一方面根据学生发展的需要，争取社会资源对中学基础教育的支持，开设高端创新人才培养课程。“国家课程如主食，校本课程为辅食，课堂的多样化与有效性，体现便是校际差距。”学校相关负责人介绍，对于松湖莞中，以“问题为中心”实施课程整合，开展综合性、探究性、实践性学习的体验，是其课程建设的方向。

教与学，师与生，相辅相成，又互有个性。学生的成长需要搭台，一所办学十七年的学校，何以快速崛起，成为家长、学生心之所向的学府，师资文化同样值得深究。

被评为东莞市首批品牌学校时，松湖莞中300多名教职员中，便已有一支

□松湖莞中辩论队的表演赛 （孙俊杰 摄）

“特级教师＋省市名师工作室主持人＋省市学科带头人＋市教学能手＋学校十佳教师”等多个层级梯队、157人的名师团队。不仅如此，从这里先后走出一批校长、骨干教师，他们赴松山湖区域公办学校、甚至全市教育系统任教任职。

大与小，抓与放，学校治理的艺术对于校长是取舍，也是考验。松湖莞中的艺术在于大方向，也在于细节，全校重要总结会议、新任主任登台讲话，校长会亲自过问讲什么、怎么讲？此举在于让老师从一开始就树立成功的信心。不仅如此，学校活动放手让老师们参与，校长则把关事后的总结。通过实践锻炼、总结，老师们的成长迅速。受这样的团队文化熏陶，即便走出松湖莞中，老师们依然会把不空谈的行事风格带向新的工作岗位。

东莞市第一中学："幸福教育"让学生成为最好的自己

清晨，穿过绿树成荫的校道前往教室开始新的学习，鸟声悠悠、书声琅琅；午后，在创客空间共同研究3D建模进行思维碰撞，兴致勃勃、神采奕奕；黄昏，约上同学在标准化篮球场上过一把球瘾，呼声阵阵、汗水涟涟……这是东莞一中学子平常的一天，也正是学校“幸福教育”理念的体现——丰富的课程安排、多样的文化活动、暖心的校园建设，回归常识、关注常态、坚持常规，努力“办一所让人幸福成长的学校”。

东莞市第一中学前身为1957年创建的“东莞县建设中学”，1995年学校纳入“市直属学校”行列，2005年8月，学校更名为“东莞市第一中学”。2015年，学校领导班子和老师们经过一系列采访总结出学校六十年一脉相承的校园精神“诚朴务实、民主和谐、锐意进取、追求卓越”，结合新时代注重个体发展的特征以及教育要“立德树人”的根本任务，提出了“幸福教育”的教学理念和“适性求是、成人幸福”的实施路径，学校希望让每个孩子都能接受最合适的教育，成为真正的“人”，成为最好的自己。

基于“HAPPY-幸福快乐”核心，学校构建“5H综合育人课程体系”，即生命健美教育、博雅智力教育、生活技能教育、心灵道德教育以及协作服务教育，以课程成就个性、以课程承载幸福。课堂上，学生们可以“穿越”回15世纪的贝尔蒙特，“化身”鲍西娅在法庭上执法如山，演绎“我眼中的故事”；也可以扮演不同国家的人初次相遇，从见面礼中学习各个国家的文化；还可以在班会课上通过“故事会”“调色板”“放飞曲”三个环节感悟青春。

走廊上，学生们将中央“F1 in schools”挑战赛的赛车道围的水泄不通，一声令下，在3D建模课上制作的赛车以几十迈的速度飞驰而出，一眨眼的功夫就到了终点；体育馆内，各个班级的健美操代表队伴随音乐带来活力四射的啦啦操表演，台下各式各样的加油口号此起彼伏；中央广场上，来自音乐社的男生吉他弹唱《南山南》，紧接着街舞社的同学们就带来了群舞串烧，一舞将毕，动漫社的成员们已经早早做好准备上演精彩的情景舞……

这些场景只是学校各式各样特色项目的“冰山一角”。

学校格外重视培养学生的创新意识，形成了创新思维——创新设计——创新制造三维一体的课程体系，这是每一个一中学子的必修课程，内容包括

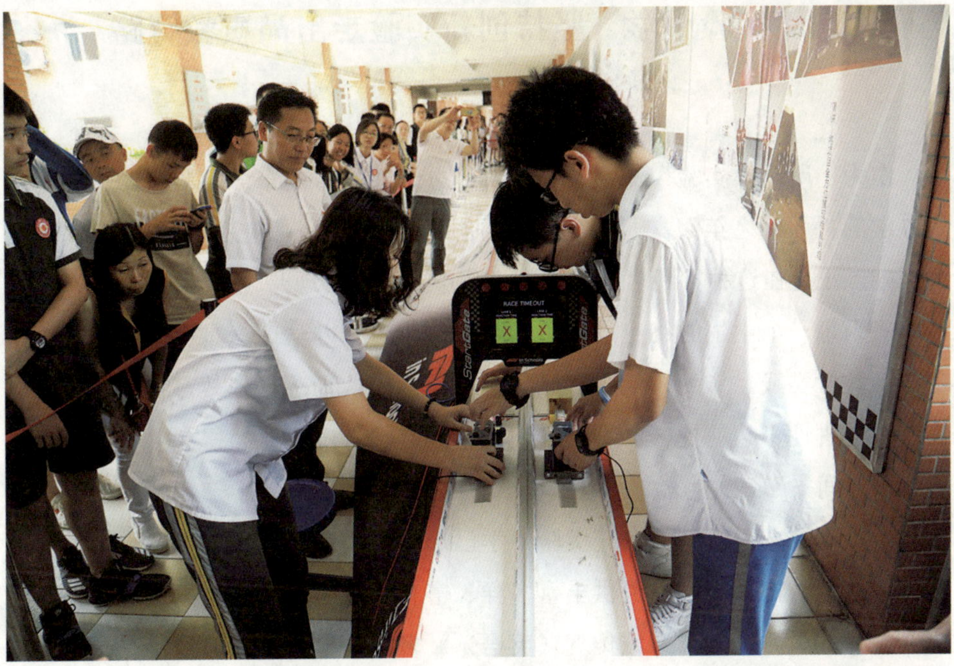

□东莞一中，学生正在做科学小实验，引得许多同学围观　　（孙俊杰　摄）

3D打印机、数控车床、激光雕刻等。值得一提的是学校大力推广的“F1 in schools”挑战赛，学生团队使用计算机辅助设计（CAD）和计算机辅助制造（CAM）软件设计、分析、制造小型轻木赛车，然后竞速。在此过程中，学生们被激发学习空气动力学、设计、制图学、市场营销、财务策略等多方面的能力。

此外，学校的社团活动也很丰富，雪雁文学社、繁蕊文学社、梦田心理社、梦影传媒社等数十个社团涵盖文化艺术、体育竞技、学术科技类等几大类，成为“幸福教育”品牌建设的重要文化载体。

东莞实验中学：坚持创新实验走出品质教育路

作为一所以“实验”命名的中学，创办于1993年的东莞实验中学，即将步入办学的“而立之年”。开展全方位的创新实验研究，是该校赖以生存和发展的基础，正是在这种不断“实验”的进程中，学校实现跨越式发展。

“为每一个学生的终身发展奠实基础”，这一办学理念贯穿东莞实验中学的教育教学实践。作为东莞首批品牌学校，学校认为，品牌教育在理念上应当具有“先进性、超前性、独特性”三大特质，教育质量要经得起“考试关、社会关、时间关”三关考验。

课程建设方面，目前东莞实验中学已形成了国家课程、地方课程、学校课程三级课程结构，为学生提供丰富多样、富有个性的选修及校本课程，并已完成《研究性学习》、《异域传真（英语）》多本校本教材的编写，在校内推广使用。开放日上，高一的展示课《塑战速决与绿色经济》聚焦当今社会广受关注的垃圾问题，通过探讨可持续发展的环保议题，激发学生的环保意识。

学生活动方面，校内举办演讲、辩论、书画、歌唱等形式丰富多样的比赛和活动，建立乐队、街舞队等学生社团组织，搭建自我展示的舞台，培养和发展学生特长。充分发挥学生个性方面大胆探索，全面推行素质教育。通过建构“三自教育”模式，完善学校德育管理体系，在各种活动中注重培养学生的自律意识和自主管理，打造学生集体良好的精神风貌。

肩负着社会人才培养重任与家长殷切期望，如何在实施新课改的过程中寻求教育教学质量的新增长点？为此，东莞实验中学积极响应国家教育政策，推行新课程改革，实施素质教育和创新教育，提高教育教学质量。围绕学校发展与学生成长，该校始终坚持：教育科学的生命在于教育实验，只有通过教育实验，才能促进教育教学质量持续、稳步提高，才能开发教师潜能，而建设一支高素质的教师队伍，才能在实施新课改中实现学校可持续发展的目标。

着力提升教师对“科研兴校”理念的认同，东莞实验中学完善教育科研组织与制度建设，实施“校本教师专业发展工程”，加强青年教师的培训，建设“教师合作共营团队”工程，通过聘请教育专家开展讲座，完善教科研考评激励机制，营造持续发展的教育科研氛围。

近几年来，学校教师先后承担并完成了中国教育学会教育实验专业委员会

□东莞实验中学将“为每一个学生的终身发展奠实基础”办学宗旨贯穿始终 （孙俊杰 摄）

的立项课题“中学创新教育实验与研究”、广东省“九五”课题“学生心理健康教育和健全人格的培养”、广东省“十五”规划课题“课程、教学创新的研究与实践”等数十项研究课题，参加教学科研和行动研究的老师占比超过九成。

为进一步释放名师队伍的辐射引领作用，带动和引领更多年轻教师迅速成长，实验中学建构“个性化教学教坛”与“资源共享平台”，教师拟订“自我专业发展规划”，学校实施“个性化教师评价方案”，学校“自上而下”组建青年教师培训班，鼓励教师“自下而上”的创设教师合作共营团队……通过综合手段促进校内教师专业发展，提升教师教科研能力水平，帮助新教师迅速通过教学实战的考验，以持续创新优势，擦亮“实验”品牌。

东莞外国语学校：博雅立人育全面发展的未来公民

秉持“博雅立人”办学理念，东莞外国语学校（下称“莞外”）致力于培养具有民族根基、国际视野、多元融合、全面发展、创新有为的未来公民。

如何做好“立人”文章，十二年制课程体系成为莞外的一大亮点。按照“基础扎实，多元拓展”的原则进行课程规划，莞外构建了“一体两翼，中西兼容”的博雅课程体系，即以国家课程为主体，以校本特色学科课程和活动课程为两翼、必修和选修相结合的特色课程体系。

在学校的品牌学校开放日上，100多门课程开放呈现莞外课堂的特色。其中，研学旅行课贯穿小学、初中、高中学段，在小学部学生以快板、相声等形式，分享研学体验；在初中学生的课堂上，他们在老师的带领下开始了研学课导入，为外出做进一步准备；高中生们侃侃而谈研学成果。除了研学课，烹饪、击剑、高尔夫、英语戏剧等课程同样精彩纷呈。此外，莞外提出中学阶段每位学生必修一门第二外语，学生要学会一门乐器、擅长一项体育活动。

对课程的打磨、创新源于对学生成长的深度思考。以课程建设为依托，莞外持续创新育人模式，重视德育教育，实现在活动中博雅育人，通过活动给学生选择的机会。为此，莞外还同步构建了校园“节”文化活动，包括体育节、艺术节、文化节、科技节、演讲比赛、读书节、美食节等系列活动。

与此同时，学校还加强与社会联系，搭建学生了解社会的平台，充分利用社会资源，开展社会实践。组织学生到图书馆、博物馆、艺术馆、自然公园等，开展参观、研讨会、时事辩论、社会调查等活动，丰富育人手段，培养学生的合作精神和社会意识，提高学生在社会中的生存能力和竞争力。

作为学校德育教育另一大亮点，莞外构建了“导师制”为主导的人本化德育模式。学校成立以班主任为核心、任课教师为成员的导师组，每名学生均有一名导师，每位导师带3—5名学生，导师深入学生的学习和生活，及时了解学生的思想动态，帮助学生制订切实可行的计划，在学习、生活、品德和心理方面为学生提供全方位、个性化的指导和帮助。同时以班级为单位，建立常规德育研讨制度，由年级组长组织导师组对个案进行研讨，制定教育方案，共同解决问题。

学校发展，学生成长，离不开课程，更离不开教师。莞外坚持“以师德、

□东莞外国语学校的木工课程 （孙俊杰 摄）

师资立校，以质量、特色强校”，旨在打造一支师德高尚、教育理念先进、专业水平高、充满活力和创造力的学习型、专家型、智慧型的博雅师资队伍，每学年开学前5—10天对全体教师进行的岗前培训已经成为学校的“固定动作”。

据介绍，为了进一步促进教师的专业发展，提升梯队水平，莞外研制《教师五年发展规划》，通过名师示范引路、骨干教师挑大梁、青年教师快速成长，为教师队伍的建设和发展规划明确方向；通过名师示范课、名师工作室研讨活动、名师对青年教师教学诊断等途径，帮助青年教师快速成长。

同时，推行青蓝工程进行青蓝结对，通过观课、磨课等活动开展师徒帮扶，定期开展“格致师苑”讲座，组织优秀教师进行工作心得分享，引领带动青年教师的专业成长。把教师技能大赛的形式引入学校，定期组织青年教师优质课比赛活动和班主任专业能力大赛。比如小学部从普通话、粉笔字、课程标准方面对青年教师进行过关考核；组织青年教师演讲比赛，促进了青年教师教学综合素养的提高。

此外，开展基于“项目式”学习的沙龙活动，推行“1＋X”成长计划，“1”即教师本人的学科专业，“X”是教师的其他能力特长，通过选修课程的开设，引导教师拓展专业视野，促进教师一专多能。

东华高级中学：以课程建设撬动育人模式变革

创办于2001年的东华高级中学（下称“东华高中”），在校师生近万人，可以说是一所超级大校。学校从一开始就提出明确的办学定位：办现代化优质学校，育高素质创新人才，既对学生学业前途负责，更要对学生的终身发展负责，培养心中有祖国、眼中有目标、肩上有责任、身上有正气，具有创新精神、国际视野的合格公民。

立足学生培养，学校倡导“德育为先，特色为翼，质量为根，树人为本”的办学思路，推进“导师团制”，引导学生在道德、性格、价值观、人生追求、兴趣、思维等方面全方位发展，并为学生排忧解难，提供个性化服务，真正担负起教育管理责任。同时，以班级为单位，全力打造班级文化，用班级文化建设现代班级，引领学生成长，让每个孩子真正成为建设“和谐班级”的主人，并提升学生自我管理能力，寻找学习动力源。

走进东华高中学子的课堂，不同于传统座位编排，在这里学生以6人一个小组上课，课堂上大家分工合作，共同探讨，这样的上课模式也让学生学习氛围更加活跃。据介绍，东华高中课堂教学改革主要经历了“传统课堂”“有效课堂”“高效课堂”三个阶段的变革，其中“高效课堂”又有三个层次的延伸，由此让课堂建设走向科学化、内涵化、纵深化。学校的课程建设在不断创新中，呈现以教学为中心转向以课程为中心、以课程为中心转向以课程体系建设为中心的变化。公民教育课程、感恩教育课程、赏识教育课程、行美课程等，与学科课程一起共同形成了具有东华特色的课程体系。而课程体系的建设成为学校育人体系建设的杠杆，撬动学校育人模式的变革。

在不断创新的过程中，“朋辈教育”发挥了主导作用，通过同龄人的经验和感受感染和引导同龄人，倡导“朋辈教育”也将是东华高中持续推动课堂创新的路径之一。落实在具体实践中，学校提出成立年级层面的学生自主管理委员会，负责本年级学生学习生活各方面的自主规划、自主监督、自我管理，各班级成立包含文化部、学习部、宿管部、卫生部、评价部在内的自主管理团队，实现“事事有人做，人人有事做”。在班级文化引领下，每位同学在自己的位置上实现自己的价值，集体的成长和个人进步相得益彰，最终实现班级自主管理和每个成员的自我管理。

□东华高级中学，学生正在进行物理实验　　（孙俊杰　摄）

东华高中的教师来自全国各地。如何进一步激活、发挥教师团队的凝聚力？校方认为，学校应该和老师构成命运共同体。除了倡导共同的价值追求，落到具体实践中，东华高中提出了实施名师工程。通过建立以教坛新秀、学科骨干、教育集团名教师乃至省市学科教学能手、学科带头人为层级的教学领军团队。发挥名优教师的引领、示范与辐射作用，建立学校名师工作室，盘活全校教师队伍的建设。

与此同时，实施以学校名师工作室为中心的“青蓝工程”，签订“师徒合同”，鼓励青年教师早成才，通过教学优质课比赛、教坛新秀选拔以及课题的申报与研究等形式，达到“师徒结对、以老带新、以新促老、共同提高”的目的。

东莞中学初中部：为每一位学生的终身发展奠基

舞蹈室里，“莞初绽放”舞蹈队的同学们在老师的带领下随着音乐翩翩起舞；走廊里，“小创客”们在各自的摊位前卖力“吆喝”各式各样的自制商品；体育场里，各班代表带着精心设计的科创作品走上舞台，向观众们介绍展示；教室里，老师把英语知识与音乐、电影、游戏相结合，寓教于乐利于吸收……

这些场景是东莞中学初中部教学特色的缩影，也是学校教育理念的具体展示。2004年，东莞中学初中部从百年名校东莞中学分离，开始了独立办学，与莞中“为每一位学生的终身发展奠基”理念一脉相承，十八年来东莞中学初中部“凭实力说话”，不断深化内部管理、积极提升办学品质，努力培养“基础知识牢固、基本技能扎实、道德素养坚固的品学兼美新少年”。

“瞧一瞧看一看，这里是初一15班杂货铺，有各种各样新鲜的小玩意……”一走进搭满帐篷的体育场，就有一位穿着班服的男生举着班级义卖的商品在大声吆喝，吸引了很多人驻足。学校的副校长肖小亮介绍说，基于“大众创业、万众创新”的呼吁，2016年学校启动了创客教育，从创意物化、仿生应用等方向切入，做出很多作品。为此，学校每年会举办综合课程科技节，“创客义卖活动”正是其中的一大亮点活动。

综合课程科技节的另一个重头戏则是莞初从独自办校起就持续举办的“青少年科技创新大赛”，包括科学研究、技术研究、人文社会综合研究三大项，在广东省内是为数不多的能达到全面铺开的校内科技比赛——每个班至少有一个项目参赛，最多有四个项目，评选出的优秀作品会送往市、省、全国继续比赛。值得一提的是，学校连续十多年获市级优秀组织奖，学生作品获国家、省、市级奖项无数，更有学生因此提前被名校录取。

在科创大赛展评活动的现场，精致的展板整齐排列，各组学生正在详细地向评委老师们介绍作品的创意来源、制作思路和应用场景，同学们的项目有的关注道路行驶安全问题，有的关注商场购物便捷性问题，有的关注提高学习效率问题等，内容涉及面广、技术融合性高。指导老师介绍，举办这样的科创大赛，是希望同学们“从社会实际问题出发，植根于课堂上的核心素养，在综合学科上融合贯通，成为有情怀、有能力、能为社会作主要贡献的人。”

□东莞中学初中部的英语课程　（孙俊杰　摄）

精彩纷呈的校园活动离不开扎实的教学队伍，尤其是青年教师的力量。据了解，学校在青年教师队伍的培养建设上主要有四方面：一是由名师引领、传递榜样力量，二是开展结对工程、搭建交流平台，三是每年举办“崇教厚德、为人师表”教育经验分享会，四是举办教师节师德师风承诺分享会。

教学水平的提升不仅依靠师资，更要回归课堂。“根脉”课程体系是学校的特色教育品牌：既有突破了“老师讲、学生听”的“满堂灌”模式，融入现实话题授课的语文、数学、英语等基础课程，又有秉承“素质教育德为先，养成规范行为本”理念而开展的德育班会、正能量快闪等拓展课程，还有让每位学生结合兴趣参加的“莞初花开”合唱团、“莞初绽放”舞蹈课、写作沙龙、玩转数独等个性课程，以及训练学生多方面能力整合的科技创新、STEM＋创客义卖等综合课程。

石龙第三中学：办一所成就幸福人生的学校

2021年9月1日，几千公里外的东京残奥会赛场上传来喜报，东莞“石龙妹”陈敏仪为中国射箭勇夺两块金牌！消息传来，陈敏仪的母校石龙第三中学（下称“石龙三中”）里也一片沸腾，教职工们纷纷替这位2007届校友实现梦想而高兴。

这所创办于1977年的公办初级中学，石龙三中曾由于社会声誉差、教学质量差、生源素质差、办学条件差，是东莞市典型的“四差”学校。经过十几年的品牌打造，一所“四差”薄弱镇办中学，成功实现了从薄弱到优质的华丽转身，一跃而成为东莞市镇街优质“六好”学校，石龙三中也成功跻身东莞市首批30所品牌学校之中。

追本溯源，也正是推行幸福教育，石龙三中迈上了跨越式发展之路。多年来，石龙三中一直秉承“幸福教育”的办学文化，从校园环境、课堂设计、德育体系等多方面营造幸福的氛围，不仅培养出许多德才兼备的优秀校友，还充分发挥品牌学校的示范、辐射和带动作用，提升石龙三中学区小初学校的整体办学水平。2020年8月，石龙第三中学教育集团获市教育局批准组建，成员校包括石龙第三中学、石龙镇中心小学和石龙镇中心小学西湖学校。

走进石龙三中，这所学校虽不大却显精致。充满诗意的国学长廊亮出经典底色，转角处竖着刻有孔子像和“大学之道”的文化石，放眼绿意昂然的校园里，诸多名人、名言、名校友相关的景观随处可见，可谓是“步步佳景，处处育人”。学校打造的“四园三廊”，即体验园、阅读园、名人园、亲子园以及文化长廊、校史长廊、STEAM长廊，让校园的每一处景观都传递幸福，让每一处景观都能增进师生的幸福。

校园空间仅是石龙三中“幸福教育”体系的冰山一角。为学生幸福人生奠基，石龙三中的课堂、科研、活动、德育等方方面面，无不洋溢着为师生构建的幸福愿景。

学校共开设了近30个课程超市项目，课程类型涵盖了学科思维拓展、人文、艺术、体育、科技创新五大类课程。课程超市围绕学校“幸福教育”的品牌特色，开发和建设多元化校本课程，完善学校课程体系，为不同类型的学生提供发展平台。在学校“一轴三驱动”为核心的校园活动体系中，基于“课程

□石龙三中，学生正在练习舞龙　　（孙俊杰　摄）

超市”的社团建设就是“一轴”、对应“三驱动”的还有“十大主题活动”、“两大特色活动”和“六大德育留痕活动”。由此构成的丰富的校园生活，促进学生个性发展，也培养了一大批特长学生，帮助学生幸福成长。

学校十分重视名师培养，专门成立“名师培养工作”领导小组，建立了学校名师库，制定培养制度和奖励制度，通过创设情景、搭建舞台，促进教师专业成长，发掘和培养名师。在团队建设上，学校致力于打造一支师德优良、肯于奉献、锐意进取、善于钻研、技艺精湛教师队伍。

强化名师团队，背后也彰显着学校“幸福教育”品牌文化。既要学得愉快，也要教得幸福。这是石龙三中开展幸福科研的基础和决心口号。石龙三中通过“课题立项”“强师工程”“培青工程”和“名师论坛”建设一支有着高度幸福感的教师队伍，让老师在科研中成长，在幸福中发展事业，努力实现“学在三中有名师”。

“办一所成就幸福人生的学校”是学校的办学理念，从品牌学校培育工作展开到正式认定再到品牌影响力的持续，学校在师生幸福感、外界认同感、品牌影响力等方面都有显著提升。幸福教育理念得到进一步凝练和传播。开展品牌学校培育工作以来，石龙三中共有20余所省内外兄弟学校前来观摩交流。目前，学校还与4所共同体成员学校共享共建学校品牌文化。

塘厦初级中学：“适合教育”为学生个性发展搭台

每周二、周四下午4:50，学校航模社团与来自东莞市电子科技学校无人机专业的多名同学准时会合，开展第二课堂航模STEM课程探究，这样的一幕开始在东莞市塘厦初级中学（下称“塘厦中学”）上演。而这正是学校“适合教育”立足学生培养、不断为学生个性发展搭台的生动诠释。

作为一所镇属公办初中，学校整体生源参差不齐，在此情况下，为了给学生寻求更多的发展途径，塘厦中学把“适合教育”作为办学的核心理念，从学生智元特点出发，广泛搭建适合学生发展的舞台，使每名学生的潜能得到充分发展，反过来又促进学生全面发展。

2008年塘厦初级中学搬入新校区，新环境新变化，学校由此开启了“适合教育”的探索，以“创造适合学生的教育，培养有责任感的现代公民”为办学理念，扎实推进课程与课堂教学改革，将办学理念融入课程建设中去。目前，学校已经开设40多个各类兴趣校本课程，为学生的健康发展提供多元化的选择。遵循“以学生发展为本”的课程建设核心理念，以提升教师专业发展为课程建设基石，学校将逐步建立一个以提高基础型课程教学质量、加强拓展型课程和探究型课程建设的合理课程结构。

在完成国家和地方课程基础上，提升艺体课程，落实综合课程，关注学生综合素质和个性特长；开设拓展课程和自主课程，让学生在接受集体教育的同时还能有自主选择的权利。

基于适合教育课程体系的探索，学生从多样化的课程中找到自己的兴趣方向。借助塘厦高尔夫球名镇的区位优势，塘厦中学高尔夫球实验班如火如荼开展，目前学校已经走出了多位国家、省市级高尔夫队员。

“作为教育工作者，我们要做到‘适性扬才，各展其长’，让优质的学校教育为学生的健康成长和未来发展奠基。”学校相关负责人表示，学校犹如“教育超市”，一方面学校根据自身资源和学生需求，及时调整供给；另一方面，给学生提供充分、自由选择教育资源的平等机会和权利，满足学生不同层次的教育需求。

因此，在课程打造同时，塘厦初级中学坚持全面的活动育人，让每一个学生根据自己的兴趣爱好，遵从内心需求，去自主选择各不相同的课外活动，为

□塘厦初级中学的创客课程　（孙俊杰　摄）

其全面而有个性的发展提供更多可能性。

目前学校开设有网球队、篮球队、足球队、乒乓球队、跆拳道队、陶艺社团、美术特长小组、书法协会、摄影协会、校园电视台、新媒体运营组、机器人创意竞赛组、高尔夫实验班、合唱队、健美操队等团体活动，而活动又作为第二课堂，纳入学校的课程体系管理。

第二课堂的学习成果，则通过面向全体学生开展的文体活动来展示，如“青春与责任”五四文艺晚会、校园十大歌手比赛暨校庆晚会、“爱校杯”演讲比赛、“卓越杯”足球联赛、“八人九足携手共进”宿舍文化节、校园体育文化节、校园科技文化节等活动，让每一个学生都有机会走向活动的舞台，感受活动的魅力，实现自我的成长。

常平振兴中学：“和合教育”促学生和谐发展有特长

1984年，常平旅居港澳的先贤们捐资兴建了一所初级中学，取名“振兴中学”。依托先进的教学设施设备和优质的教育资源，振兴中学的教育教学质量一时在全市领先，成为东莞地区的明星学校。

然而到了20个世纪90年代末，由于办学理念不清等原因，振兴中学的发展遭遇瓶颈。2001年，为了适应常平镇教育迅速发展的需要，振兴中学易址重建。同时，邀请教育专家把脉问诊，确立了“立足基础，和谐育人”的办学理念，即立足于学生全面发展的基础，追求学生全面发展与个性发展的和谐；立足于教师专业化成长的基础，追求教师德、才、识的和谐；立足于学校可持续发展的基础，追求学校适应社会发展需要和人的发展需要的和谐。在清晰的办学理念指引下，振兴中学以创建“高质量、现代化、特色型、示范性”的省内初中一流名校为目标，推动学校内涵发展。

课程是学校实施教育教学的核心。学校认为，课程的开发应从学生的兴趣爱好和学习需要出发，结合教师的学科专长和特点而开发。对此，振兴中学的课程开发强化了三大特点：一是个性化。学校组织心理教师、各学科骨干对学生个性进行调查研究，根据学生心理特点和个性发展需要，结合学校实际，开发出拓展课程、探究课程100多门，为学生提供“自主、多元、可选择”的课程内容。二是整合性。以项目化学习为抓手，推动跨学科核心知识的整合，开发和实施基于项目化学习的课程，推动“知识为本”的教学向“核心素养为本”的教学的转变。例如该校机器人DIY课程中“机器人创意闯关”项目的设计，学生要综合运用信息技术、工程结构、数学、物理、美术等学科核心知识，不断思考、探索、实践，不断检验、修正、优化设计方案。三是特色性。学校根据已有的文化积淀、特色基础、师资力量，成立了足球队、篮球队、合唱队等30多支兴趣活动小组，重点打造篮球特色、英语口语特色、语文批注式阅读、机器人DIY、心理健康教育等市级特色课程。

作用在学生身上，实际上就是“因势利导、因材施教”，以促进个性健康发展激发学生创新力，拓宽多元成才路径；同时基于核心素养要求下的学生培养目标和适应国家未来发展的人才素质要求，培养出具有较强综合能力素养的人才。

□常平振兴中学，学生正在制作小机器人　　（孙俊杰　摄）

与此同时，学校的课堂教学、管理机制、评价体系、校园环境等方面也在持续升级，呈现链条式发展。例如，学校实行行政包干制，每个行政负责1-2个学科特长生的发掘、选拔、培训工作，指导学科教师针对特长生不同情况，拟定个性化、精细化培养方案，优选教学内容和课堂教学设计，突出重难点，找准结合点，为学生特长展示提供广阔的平台。每年各学科均会根据实际情况制定培养目标，依据计划扎实推进培养工作，定期总结反思，适时调整培养策略，全力为学生特长发展保驾护航。

既是多元育人模式，必有多元的评价体系。振兴中学对学生的评价，是建立在承认并尊重学生主体差异的前提下，在差异中寻求学生间相互融合促进的措施，肯定学生身上隐藏的潜能。注重对学生各方面素养协调发展的评定，在充分培养、展示特长的基础上，对学生所学的各类知识、各项技能、情感态度价值观等综合评定。

此外，以发展的眼光来看待教师的成长，将教师的师德表现、业务能力、科研水平等方面进行综合权衡，充分调动教师的自主发展动力。学校为不同层次的教师设定了阶梯式成长坐标，如青年教师“一三五七”成长阶梯——一年站稳课堂，三年成长成熟，五年能挑重担，七年成为骨干。通过量化考核评价和“阶梯式”发展性评价，不断增强教师专业发展的自觉性、自主性，在自主发展中实现提升。

2018年，以品牌学校培育为契机，振兴中学对其办学理念及办学经验进行重新梳理、提升，提出了“和合教育”学校文化品牌，着力构筑和融管理、和润德育、和怡课程、和智课堂、和协评价、和美环境六大体系，形成新时期振兴中学特色教育生态。

茶山中学："茶菁教育"全面提升学生素养

茶山中学创建于1958年，历经60多年的发展，积淀了深厚的文化底蕴，秉承了悠久的历史传统，也经历了起起落落的办学历程。2014年，茶山中学提出"一年打基础，三年上台阶，六年建名校"目标。青青茶山，菁菁学子，立足茶山厚重的人文历史，以"茶"做文章，茶山中学提出打造"茶菁教育"，希望通过学校教育，让每个孩子都能发展特长，遇见并成为最好的自己。

学生培养，离不开课程的构建，以"茶菁教育"为统领，学校提出打造全方位的茶菁课程体系，实施国家、地方、校本三级课程，促进学生的全面发展和个性发展。其中，校本课程下设"茶菁课程体系""茶菁德育体系"和"茶菁环境体系"三大模块，彰显学生个性，全面提升学生的素养。

同时，以学生的终生发展为指引，茶山中学全方位指导学生发展。"做最好的自己"，这是学校对每一位茶中学子的殷殷期盼，为此学校组织力量认真编撰《茶山中学学生发展指南》一书，全面指导学生了解学校、认识自己、规划人生。校长孙煜透露，全书分五个部分展开，涉及学生在茶中三年学习的方方面面，让学生走的每一步，都能得到随时的关注和有效的指导，从而形成学生自己茶中三年的学习成长档案，为自己的学生时代留下清晰印迹。

与课程构建一脉相承的还有学校的课堂教学改革，"茶菁教育"理念引领下的茶菁课堂，关注人的成长。2016年，茶山中学开始集团化办学探索，此后与茶山中心小学、第三小学携手组建"中学＋小学"九年一体化教育集团办学，因此在实施"一学科、一校本、一社团"一体化之外，学校还将探索纵向"茶菁"集团办学，实施中小学校本课程开发一体化。

如何发挥教师主观能动性，为"茶菁教育"贡献一份力量？据了解，目前学校已经有了明确的五年规划，其中包括实施"三年课改工程"，通过编撰具有茶山中学特色的校本教材教辅，转变课堂教学模式，进一步提高教学质量，形成优质高效、特点鲜明及符合未来教育的课堂教学组织形式。

为了进一步促进教师的专业成长，还将与"校内＋校际"合力培育卓越导师。校内，充分发挥名师工作室的引领作用，通过结对子、迈步子，活跃教研氛围，使校本教研常态化；校际，则与市内的优秀兄弟学校结盟，共同开展集体备课、校际送课、文化论坛等活动，共享教育教学资源，共享优质

□ “茶菁教育”赋能茶山中学，希望让每个孩子遇见并成为最好的自己 （孙俊杰 摄）

师资，相互促进，发展校内的卓越导师。

围绕“茶菁教育”品牌，学校还开展教育教学研究，通过课题推动学科特色发展，推动课程文化体系建设、德育文化体系文化建设、环境文化体系建设，带动国家课程校本化实施落地，牵动教师队伍建设与发展。在为品牌学校的内涵发展提供有利的保证的同时，亦为品牌学校教师专业发展创造新的契合点，促进学生全方位的成长。

松山湖实验中学：面向未来提出“创造教育”

位于国家高新科技园区，沉浸于浓厚的科研氛围之中，拥有一批极具创新活力的青年教师和富有创业热情的家长群体，松山湖实验中学办学之初，“创新”二字被视为其与生俱来的使命。

无论从社会环境要求，还是学生发展需求来看，信息素养和创新素养都是如今学生不可或缺的重要素养。“办一所具有创新活力的幸福学校”也应运而生，成为了松山湖实验中学建校之初提出的愿景。从教育家陶行知的教育思想中取经，松山湖实验中学提出实施“创造教育”，培养具有国际视野、创造性人格的学生。

2019年，一场粤港澳大湾区STEM教育论坛选址东莞市松山湖实验中学。在论坛现场，该校分享了一堂名为《冰淇凌创业营》的STEM课程教学内容：不同学科任课教师合作，将数学、科学、艺术、技术、金融等多学科知识结合开展教学，学生能够了解冰淇淋的制作工艺，设计商业计划书，还能学习财税体系、品牌打造、广告营销等一系列知识。这一特色课程项目也在2019年东莞市中小学“未来课程”设计大赛中斩获一等奖。

顾名思义，这堂课与“创业”息息相关。而松山湖实验中学所构建的“创造教育”课程体系也正在“创新、创作、创业”三个关键词上构建起来，所有的课程可归为三类，即面向全体学生的学科学习，面向大部分学生的主题实践，面向部分学生的项目合作。

课程建设是诠释一所学校教育品牌的重要注脚。学校认为，“学生最好的培养依赖课程，学校最好的产品是课程，最具竞争力的还是课程。”为满足学生个性发展需求，培养学生创造力人格，学校开设的校本课程多达190多门，包括茶艺、围棋、羽毛球等在内，涵盖健康、人文、科学、交往等方方面面。

走进松山湖实验中学，这些场景便不难看见：在尔雅书吧里，学生凭借策划案“竞争上岗”，对书吧进行承包经营，体验创业、服务公益；在小天才实验室，进行创客实践，动手动脑发掘自身创造潜能；在研学课堂上，奶茶、烧鹅也能成为研究课题，学生贴近生活地开展自主探究……“让创意无处不在”似乎已经成为了松山湖实验中学的日常写照。这样的校园生活，也是松湖实中对“创造教育”的生动诠释。

□东莞松山湖实验中学提出“创造教育”理念，构建相应的课程体系　（孙俊杰　摄）

对比传统课堂，松山湖实验中学推行智慧课堂教学模式。学校积极建设松湖实中大慕课，探索教学新模式，如翻转课堂、双师教学、同步课堂等。通过“单元主题教学”“课内外大实践”“项目学习”等教学方式，引入课堂观察机制，让信息技术与教育教学有效融合，从传统课堂以老师为主角到信息化课堂学生参与度更高。

为对学生进行全方位评价，学校研发了智慧评价系统，通过收集学生日常学习生活数据，通过雷达图清晰地看到学生发展均衡度、优势和劣势所在。该系统所展示出的评价不仅是一种结果或分数，而是评价学生全方位的表现。

值得一提的是，松山湖高新科技园区内高等院校、产学研研究院、高新科技企业云集，学校借助先天区位优势，整合利用周边社区资源开展教学。与当地高新企业达成合作关系，共同参与财商课程、综合实践等课程实施，目前学校开展的校本课程中，超过10门荣誉课程的授课教师来自各领域的专家、学者、行业精英。

莞城中心小学："悦纳"品牌引领第二个百年发展

五百多年的古榕树、清朝东莞解元祖屋、金刚经云石塔、七百多年历史的至正大铜钟……走进莞城中心小学，浓郁的历史气息让人久久回味。其前身为东莞高等小学堂，历经了清代、民国和新中国三个历史时期，经十四次易名，七迁校址，五改学制，六扩分校，至今已走过一百多年的办学历史。

百年沧桑却历久弥新。进入21世纪，莞城中心小学也迎来了发展新阶段。2008年，时值建校100周年之际，学校发出了一番自我拷问——莞城中心小学的第二个100年该如何走？什么样的办学理念能引领学校未来发展？对此，学校遍访全国多地考察学习，最终提出培养悦纳的人才。

"纳己而自信，纳他而合作，纳世而担当；纳德而成人，纳智而聪慧，纳正而做人。"自此，悦纳教育成为了莞城中心小学的"施教纲领"，并在未来办学中不断丰富着它的内涵。

"老师专业发展标准是什么？什么叫专业？其中可能指向无数内容：普通话、粉笔字、教材、上课等等。教师品牌就是专业。"莞城中心小学有"悦纳教育"品牌，老师们也不断探索着自己极具个性化的"教师品牌"，充分发挥老师内驱力。

例如，语文老师周奇成功打造"聊天课堂"，英语老师邓凤娇提炼出"风暴英语"的品牌……个性与风格迥异的教师，带来全然不同的教学体验。全校教师队伍中，已经有上百位教师有了自己的品牌，不少教师还将自己的品牌研究成果撰写下来，出版的个人品牌专著。通过"教师品牌——品牌教师——名师"的发展路径，成就每一位老师，莞城中心小学希望引导教师在成长制度面前能够找到自己的坐标，燃起自主发展的激情，明确专业发展愿景，实现百花齐放、和而不同。

"和而不同"不仅运用在教师管理中，也影响着学生的校园生活。为了促进学生全面发展，学校提出了"一加八"和"8个一"的学生培养目标，在德育评价方面，学校通过打造"至正洪钟节""大榕树艺术节""镜堂科技节"等六大校园节日活动为学生提供了舞台，同时构建了以"孝感好儿童""洪钟少年""优秀中心人"等多种评选方式为途径的榜样评价。

在课程建设方面，莞城中心小学构建了包括根基性课程、延展性课程和绽

□莞城中心小学，学生展示自己创作的衣服　　（孙俊杰　摄）

放性课程在内的“榕树课程”体系。据介绍，学校每学期开设近70门校本课程供学生选择，以学生为本，力求丰富、多元，满足学生发展需求。甚至部分课程还是根据学生的建议而自定义开设的，最大限度地满足了学生的个性。

“什么是理想的学习样态？我认为是‘小脸通红、小眼发光、小手直举、小嘴常开。’”在品牌开放日上，莞城中心小学不拘一格，将开放日展示与主题论坛相结合。在24堂精彩的名师课例展示之后，邀请专家、同行、家长，就“理想的学习样态”和如何“让学习真正发生”展开了一场思想碰撞。莞城中心小学也介绍了学校对此的实践和探索。

例如，莞城中心小学在校内开展“支架式教学”，教师通过给学生搭建各种支架，如：场景支架、问题支架、活动支架等，支持、支撑学生的学习。搭建支架、进入情境、独立探索、协作学习、效果评价。让学习过程被内化，使学习真正发生。

再如，莞城中心小学的“阅读考级”课程实践已经开展十余年。让学习真正发生，学校扎实推进学生阅读，举全校语文教师之力，不仅精心设置了1—12级的考级书目，让学生的阅读更纯粹，更优质，并且，还将阅读层次划分为

“读过”“读懂”“读深”“读透”等不同层次，科学有效地引领学生走进书籍深处。

“研究儿童，研究儿童的‘学’，因而带出来的方法策略、内容课程的研究，是未来教育一个很重要课题，而‘让学习真正发生’正是我们研究的最终落脚点。”突瓶颈，谋发展，学校相关负责人表示，期待以此推动学校的更高发展。

莞城步步高小学：用课程托起“文雅教育”品牌

莞城步步高小学的前身为罗沙小学，办学迄今超过七十载，学校由罗沙翟氏所办的私塾改制而来，最早可追溯至南宋。尚文重教的传统代代传承，影响至今。

“新时期学校要办成一所什么样的学校，培养什么样的人？”2009年，在总结历史、提炼发展经验、反思存在的问题，也客观分析现状和未来发展需求的基础上，学校确定了“文化立校”的思路。

书香、墨香、传统文化由此成为学校办学的关键词。步步高小学提出“办一所既充满现代人文气息，又秉承传统文化的书香校园”的美好愿景，确定“崇文尚雅步步登高”的办学理念，并开始了课程、活动、育人等一系列探索，“文雅教育”在实践探索中孕育而生。

文雅教育以文为表，以雅为心，以文为手段，以雅为目的，最终实现以文育雅。

以东莞品牌学校培育为契机，步步高小学再一次跳出舒适区，思考未来的办学，明确通过文雅德育、静雅环境、博雅课程、慧雅课堂、雅正评价、和雅管理等六路径，用文化和品牌撬动“博学、善思、明德、力行、健康、尚美”素养目标的达成。通过建构和实施“文雅教育”品牌体系，努力使步步高小学成为家长高度满意、社会高度认同，在全省乃至全国理念先进、特色明显、文化品位浓、知名度高的现代品牌标杆式学校，让“文雅教育”走向全国。

回答了要办一所什么样的学校，如何去实现办学目标？步步高小学给出的答案是：课程。从文雅教育出发，学校同样经历了几个课程阶段，2013年提出“五阶课程”，即国家课程、校本课程、级本课程、班本课程、个性化课程；2016年构建了基于核心素养的“博雅”课程体系；2018年提“3H”会思、汇雅、汇创课程，围绕“博学、善思、明德、力行、健康、尚美”核心素养，学校构建了“三层六类”文雅课程体系。

“三层”即基础课程、延伸课程、拓展课程，分别是面向全体学生、部分学生和个体；“六类”围绕核心素养又可以分为六大类，学校课程文化因此呈现了多元共生的生态，形成了“博雅阅读”“绳采飞扬”“丝竹雅韵”“雅艺趣赏”“博能实践”“莞草艺术”等支撑学校高品位发展的品牌课程群。学校

□莞城步步高小学，学校正在进行乐团表演　　（孙俊杰　摄）

还将进一步总结经验，探索打破时空限制、时间限制、学科边界、学习方式的课堂改革、学生学习变革，开展主题统整课程、融合式课程、创客课程、主题研学课程、STEAM课程的研究与实践，重建面向未来教育的课程体系。

课程的探索建设离不开高素质、高水平师资团队的支撑。如何进一步发挥老师们的个性，投身“文雅教育”课程体系的实践创新，步步高小学为教师团队搭建了一个分层发展的培养机制，让每一位教师都能走向教育生涯的成功。

从教师发展方面来看，一是建立导师制，分层引领成长；二是开展每周“课题式”校本教研，同伴互助共成长；三是主持和参与品牌项目课题研究，科研助推深层发展；四是建立校内外学术联盟，拓宽平台助成长；五是输出与辐射，引领成长双赢；六是创造机会推广品牌，自信成长。

为了进一步凝聚教师团队力量，学校还将从文化阅读、文化沙龙、文化创造上开展活动，每位教师每年须精读5本书，并结合每年4月“世界读书日”开展“博雅之师”评选活动；每月组织一期文化沙龙，教师们根据工作和阅读拟定沙龙主题、分享人、时间，全体教师自由参与讨论。同时，引导教师有意识地记录教学实践、记录自己的观察和思考，鼓励老师出文集、发表论文、出版专著，加强超越学科边界的通识性培训，为教师的专业成长提供丰富多样、广阔深远、具有无限的迁移和辐射功能力的经验背景，培育一支文雅教师团队。

莞城实验小学：以“智行教育”打好“实验”牌

作为东莞首间以“实验”命名的小学，莞城实验小学坚持传承与创新并重，提出“智行至真”的办学理念。站在三十年办学新起点，以东莞首批品牌学校为契机，莞城实验小学持续做好“实验”文章，致力于“互联网＋教育”的落地，建设面向未来、面向现代化的学校和教育。

在校方看来，学校以实验为名，教育教学必然要敢于先行先试，主动出击；在学习上，学生大胆探究与实践，敢说敢问敢做；在教学中，教师积极进取，敢于创新，乐于成功。实验既是学校的名字，更是一种担当以及自我鞭策。

秉承传承与创新并重，结合东莞慧教育构建思路，近年来学校提出“智行至真”的办学理念，着力打造“智行”教育品牌。对学校来说，智行至真，有“实小”人的态度和习惯，更有理想与愿景。

立足学生发展，打造智行教育品牌，莞城实验小学以培养“品真行正、睿智多才的现代公民”为目标，并提出了“1＋8”的实施路径，即达到国家课程标准所规定的各项目标，爱汉字、乐表演、善追问、好运动、喜阅读、敢尝试、会合作、懂礼仪。

学生的培养离不开课程设计，莞城实验小学校本化课程建设历程超过十年，并成功开发了《毽球》《智行小主人》《诵写经典》《藏书票》《英语phonics绘本》《悦韵巴乌》《走进戏剧》《快乐基地行》等八套校本资源包。

其中，《智行小主人》为广东省特色教材评选一等奖，《诵写经典》获广东省中特色教材评选三等奖，而《藏书票》则为学校摘得“广东省版画教学与创作实验基地”“岭南少儿藏书票小版画教学研究中心”两块牌匾。

站在新起点办学，学校梳理、完善现有课程，提出“智慧树”课程体系。学校表示，智慧树意在让每个孩子都能茁壮成长，其中“树干”为国家基础课程、“树枝”为拓展型课程、“树冠”为研究型课程。

据介绍，拓展课程由限定拓展课程和自主拓展课程两部分组成，限定拓展基于悦韵巴乌、畅享悦读、诵写经典、藏书票等课程，发展学生特色、提升技能；自主拓展以课程超市和社团活动为依托，是满足学生个性和兴趣发展，涵盖童星合唱团、向阳版画社、舞之韵社团、游泳、篮球、电脑制作、编程等十多个社团。

□莞城实验小学，合唱团在练习 （孙俊杰　摄）

研究型课程，即“智行小主人”系列课程，目的是培养学生自主与创新精神、研究与实践能力，具体包括围绕衣食住行劳作等生活主题展开生活小主人、专题调查探究小主人、实践基地课程社区小主人、校园实践平台的校园小主人。与此同时，学校也不断完善课程评价体系，让智慧树课程全面落地、实施。

校方认为，建设一支高素质的教师队伍是扎实推进素质教育的关键，也是实现学校“1+8”培养目标达成的重要途径。在智行至真办学理念下，莞城实验小学坚持“智发展，达至真”的教师专业发展宗旨。为此，学校成立了“教师教改实验中心”，以此推动学校教师培养、提高教学质量。

教师教改实验中心设有研训管理室、教改实验吧、名师发展部和品牌推介处等四个部门，各部门工作“合同异分”：研训管理室通过制度学研、校本项目和自主选修等形式，引领教师关注教学前沿，提升教育素养；教改实验吧实行“人人实验，人人智行”，将教师的教改微实验以制度的形式规定下来，鼓励教师开展能够有实效解决自己教育教学实际问题的微实验、小研究；名师发展部通过专家引领、名师组队和抱团成长等策略，促进教师群体思考研讨和提升专业素养；品牌推介处通过搭建教学故事汇、教师品牌展和教育智慧集等平台，让每一位教师主动记录成长轨迹和分享教学心得，展示自己教改实验的成效或成果。

莞城英文实验学校：在教育教学中贯彻“乐成教育”

从2004年招生800余人，到2019年开启集团化办学，在校学生接近3000人，坐落于东莞中心城区的莞城英文实验学校（下称“莞英”）不仅实现招生翻番，也赢得家长的好口碑，教育戏剧成为学校一张闪亮的名片。

办学之初，遵循教育本真的朴素想法，希望学校能释放孩子天性，回归孩子的成长，回归生活，面向未来，莞英提出了“乐在其中、成于自然”的办学理念。这也成为学校“乐成教育”品牌的基础支撑。立足十多年办学实践，以品牌学校培育为契机，莞英提出了新目标——办具有“乐成教育”文化特质的现代化名校。

以乐活校园文化、乐融课程体系、乐慧教师队伍、乐行学生发展四大版块为内容和抓手，学校在教育教学中深入贯彻、践行办学理念，培养学生成为具有中国情怀、世界眼光的“一二三”小公民：“一”为品格，即乐观向上、热爱生活的品格；“二”为能力，即自主学习和科学探究的能力；“三”为特长，即英语、艺术、体育特长。

在“乐成教育”文化引领之下，践行热爱生活、自主学习、快乐成长的校训，莞英以课程建设为着手，围绕学生成长需要，将“国家课程校本化”“主题活动课程化”作为提升教育教学质量的重要支点，构建起包括乐达基础课程、乐享拓展课程和乐会开放课程在内的“乐融”课程体系。

为此，莞英把英语、艺术和篮球等作为学校的特色课程，培养学生的语言能力、艺术素养与健康素养，让学生在大型的展演和各种校园活动中得到锻炼。依托丰富多彩的科普活动，“故事育人”成为学校的另一大亮点，依托阅读、表演等这八种多向、立体的活动，引导孩子们树立正确的价值观、人生观和世界观，实现德、智、体、美、劳全面发展。

以教育戏剧为例，学校是融合语言艺术“教”“学”“研”“创”“排”“演”于一体的省级实验基地，也是东莞市少儿音乐剧创作基地。戏剧、音乐剧的排练演出，不仅培养孩子的综合能力，同时也是对他们英语能力、表演能力、团队合作、领导力、个人责任感的全方位磨砺。学校以教育戏剧为突破口，把文学、音乐、舞蹈、表演、美术等学科的教学有机地融为一体，通过开展读者剧场、戏剧之夜、课本剧创编、戏剧展演等活动，努力使学

□莞英把英语、艺术和篮球等作为学校的特色课程，培养学生的语言能力、艺术素养与健康素养，让学生在大型的展演和各种校园活动中得到锻炼 （孙俊杰 摄）

生在戏剧教育活动中，亲身体验故事情感，最终达到发展个性、培养核心素养的目的。

值得一提，为了更好地落实乐融课程，学校着力打造乐思课堂。力求课堂的乐学融通，培养学生自主学习和科学探究的能力，真正做到“让学习变得快乐起来”，让学生能够“做中学、学中乐”。

以学生为本，是学校的办学初衷，也是莞英教师们的心声。作为“乐成教育”体系的一部分，莞英提出教师发展目标，即打造乐慧教师队伍，教师以乐观、积极的心态面对工作和生活，真正热爱教师职业，有“做成功教师，享幸福生活”的追求。

学校根据教师专业发展的规律设计了教师成长的三个路径：新秀教师—骨干教师—品牌教师。新秀教师通过提升教学设计技能、组织课内外活动技能、课堂教学操作技能、反思技能快速站稳讲台；骨干教师通过提升专业精神、专业知识、专业能力和专业实践实现个人的成长；品牌教师通过建构课程理论、开发课程资源、完善发展课程理念，最大限度地实现课程价值。

为了帮助教师实现专业的提升，莞英通过引导教师制定‘个人三年专业发展规划’来帮助教师认识自我、引领自我、监控自我、激励自我；从培训着手，聘请专家或名师担任学科教学顾问为老师们领航指引，让教师在有限的时间内最大程度得到提升。与此同时，通过科研为先导，引领教师将教育科研、课堂教学实践和教师专业成长相结合，以科研促进教育教学。

东莞师范学校附属小学：办适合每个孩子的“朝阳教育”

《金色朝阳》的校歌每周被唱响，每学期一本的校刊《朝阳》记录校园大事件、聚焦师生成长，“朝阳广播站”里传递着学子们的活力。创办于1932年的东莞师范学校附属小学（下称“莞师附小”），拥有90年的办学历史，“朝阳”元素贯穿学校教育多个领域。

“每个孩子都是一颗朝阳，我们知道如何让他发光”，这是莞师附小倡导的办学理念，朝阳教育遵循学生身心发展规律，它倡导以学生为中心，阳光育人，育阳光人，通过课程和教育教学设计，打造阳光式的素质教育体系，帮助学生从一至六年级逐渐发现自我、完善自我、展现自我，塑造有正能量的阳光附小学子。

立足育人目标，莞师附小着力构建朝阳文化，并提出打造朝阳校园、朝阳队伍、培育朝阳少年。

立足常态抓规范，打造特色促发展，通过推进平安校园、文明校园、尚学校园、活力校园等四个校园建设，构建朝阳校园。“多一份安全意识，就少一份安全隐患。”朝阳校园拒绝可预见的安全隐患，首先要让“安全第一”深入人心。同时拒绝粗言秽语，不良行为，让“文明言行”永伴左右，拒绝不思进取、不学无术，让“勤奋好学”成为常识。此外，学校应该成为学生张扬个性、展示自己的舞台，让“彩色童年”陪伴学生成长。

课程是学校教学的基础，是学校教育教学的核心要素，也是落实立德树人的关键载体。经过多年的探索和实践，依托“朝阳教育”的办学理念，目前莞师附小已经形成有自己特色的“三色”阳光教育课程体系。

其中，“主色”为国家基础课程，即道德与法治、语文、数学、英语、美术、音乐、体育、科学、综合实践和信息技术。学校严格按有关规定规范课程管理，落实课程计划，以常识为基础，回归学科自身的学科本味。

“特色”则为足球校本课程，按照全国足球特色学校要求，学校给每班开设每周一节的足球课程，利用足球课对学生进行足球技术技能教学以及团结、合作、坚持等足球运动精神的育人影响。2014年学校集全体体育老师的力量编印了校本教材《足球》，并在体育课、早操、大课间、亲子活动都融入足球元素，全面提高学生的综合素质，让足球成为孩子成长的伙伴。

□莞师附小的学生穿着戏服给同学介绍戏曲角色　　（孙俊杰　摄）

“彩色”为拓展课程，学校逢周二、四下午第3节开展“我心飞扬”少年宫活动课程，包含艺术类、体育类、科技类、语言类等。经过多年实践和积累，目前莞师附小开设有田径、球类、武术、艺术、棋类、书画、科技、乐器、写作、表演、语言等项目的数十个活动小组。

教师是学校发展的重要人力支撑，莞师附小“朝阳”教育品牌价值的释放，朝阳队伍的打造，离不开每一位教师的参与。学校把师德建设放在首位，抓好以“立德树人、做‘四有’好老师”为主题的师德教育，开展“做最好的自己，建和谐的团队”的教育活动。

与此同时，让年轻的老师快速成长，学校提出了“专业成长不能停”的发展思路。学校在教师专业成长上规划了四个梯队，即行政、学科带头人、骨干教师、一般教师。以每位教师个人成长规划为起点，倡导“以师为师，共同成长”的教师发展观。为了帮助青年教师尽快适应教学，加速其专业成长，学校还规划“青蓝工程”，针对不同类型的青年教师安排专题学习、师徒结对和基本功训练的专业成长培训活动。不仅如此，学校每周开展“课题式”校本教研，同伴互助共成长。依托“朝阳教育品牌课题”，目前莞师附小已经形成“全校一盘棋，齐心向‘朝阳’”的科研、教学新局面。

万江第五小学：“三香”文化润美校园

走进万江第五小学（下称“万江五小”），茶文化的元素触手可及。2016年，学校以万江“水乡文化”为依托，结合学校毗邻东莞最大的茶叶市场这一区域优势，学校确定了以“书香、墨香、茶香”为核心的“三香”校园文化，提炼出“茶香润美，书墨人生”的办学理念。2018年，万江五小再一次梳理办学，在传承与创新的基础上，提出了“润美教育，三香文化”品牌。

立足学生培养，“润”是途径与方法，“美”是目标与效果。在品牌学校培育过程中，万江五小着力创造“各美其美，美美与共”的润美教育境界。为此，学校从校园环境打造、课程体系设计、师资队伍培养等渠道着手，进一步规划办学。

如今走进万江五小，以“尚美校园”为设计理念的文化打造处处彰显书香、墨香、茶香的韵味，学校意在营造“文化熏陶人，环境影响人”的氛围。墨香体验区学生可以随时随地拿起毛笔沾水自由练习写字，开放式读书角满足学生看书需求，一整面墙“茶”元素的装饰让学生耳濡目染茶文化精髓。

环境影响人，课程塑造人。基于传承优秀传统文化，围绕“三香文化”主题，学校构建了“三香”特色课程，并借品牌培育契机进一步立体化，丰富课程资源，在保证开足开齐开好国家课程的基础上，以课程整合、大课程、实践课程等为抓手，新构建并完善“雅美课程”总体系，使学校办学彰显出课程的力量，让其成为学校办学的核心品牌。

雅美课程以国家课程、拓展课程、个性化课程为依托，其中拓展课程融合了此前的“三香”课程，将书香、墨香、茶香升级为智慧美、艺术美、心灵美三大类课程，并在此基础上增加健康美、创新美，分别对应体育节、体育课程和科技节、创客机器人等。

五大主题课程，融合学校教学的方方面面，也科学涵盖学校茶趣、书法、经典诵读、撕刻纸画、武术操等特色课程。以“心灵美”为例，主打茶文化课程，教学设计上包括茶艺课程、茶趣课程、茶品课程以及茶文化艺术节。作为万江五小特色校本课程，目前已经形成了一套完整的课程体系，学校自编校本教材《茶趣》，且根据不同年级学生的认知特点和水平安排不同层次的茶文化教育，从茶文化到识茶识器，再到上手学泡茶，课程层层递进。

□万江五小的学生正在表演茶道 （孙俊杰 摄）

依托地域优势，学校还围绕“茶海拾贝”“茶事漫谈”“泡茶常识”“名茶品饮”“茶礼”等开展实践及行动研究，将周边茶叶街商铺作为定点拓展基地，同时以家长课堂方式，邀请家长不定期到校开展专题讲座，全面丰富学生对茶的认识。而为了进一步激发学生学习热情，根据学生对茶的历史知识、茶叶的分类知识、茶叶的贮藏知识、对茶艺的了解和动手操作能力等方面的表现，学校还会评“三星”“四星”“五星”不同等级的小茶艺师，进一步丰富茶文化课程。

针对学生教学有“雅美课程”体系，对于教师团队提升，万江五小则提出了打造“善美教师”、建设“悦美课堂”。学校各学科、每学期开展以“悦美大课堂，成长你我他”为主题的同课异构的活动，通过建立不同的教师教研团队，针对相同的课题，同一个教学内容，围绕悦美课堂的基本要求，采用不同的构思、不同的教学方法、不同的设计风格、不同的实施途径，以达到不一样的教学效果，然后再进一步修改教学设计，再次观课磨课，使“悦美课堂”越来越美。

值得一提，为了进一步激发教师的主人翁精神，万江五小还创造性推出校内小课题招标做法，引领全体教师参与到品牌学校教育科研之中。其中在品牌培育阶段，校内小课题招标以学校品牌培训培育的发展方向及发展目标为圆心，小课题研究作为同心圆的外延。由学校发出《品牌创建子课题招标书》，指引老师进行教育科研的研究方向并申报《学校小课题招标应标申请评审书》，最后通过召开校内小课题论证会，集中力量修改，整体提升教师的科研水平。

南城阳光第二小学："慧读教育"让阅读点亮人生

走进南城阳光第二小学，一道"大阅读长廊"让人眼前一亮：长廊两侧的书架上摆放着供学生借阅的书籍，顶端写满关于阅读的名言警句，长廊的尽头还有定期评选的"读书大王"和书香家庭的事迹和照片……似乎时时刻刻在提醒来者勿忘读书，"多读书、好读书、读好书"。而除了大阅读长廊，学校还设置有图书馆、共享书吧、班级读书角……学校的面积不大，阅读的场景却十分丰富。

阅读，正是南城阳光第二小学（下称"南城阳光二小"）校园品牌的灵魂所在。长期以来，学校积极探索"大阅读"，基于丰富的大阅读理论研究与实践探索，围绕品牌学校建设，学校着力提出了"慧读教育"。自其诞生之日起，学校便秉持"阅读滋养儿童，阅读发展素养，阅读改变学校，阅读提升品质，阅读创造品牌"的理念，致力于促进学生的全面发展，促进学校的发展变革。

"阅读点亮人生"，南城阳光二小如何为将阅读这盏明灯嵌入学生的学习生活当中？其中的关键一招，在于阅读与多学科的融合。

以语文大阅读为例，南城阳光二小实行"一书三课型"阅读教学模式，通过阅读指导课、阅读分享课、阅读实践课，引导学生逐步深入地开展学习。阅读指导课和分享课就是了解作者、内容，指导学生选择阅读方法，同时会将自己的感悟与同学交流，分享收获；而在阅读实践课上，学生会改写续写阅读内容、绘制思维导图，有的还有将书中情景表演出来，达到体验生活的目的，将阅读落到实处。

英语方面，学校英语构建了"三课一体"慧读课程体系，以课题为依托，以绘本为媒介，构建三课一体的英语慧读课程体系，包括慧phonics、慧绘本、慧读写。以"慧绘本"为例，如何指导绘本阅读？如何培养思维品质？南城阳光二小运用"图片环游"的方式培养，进行绘本阅读指导，设计开放性任务，深入图文探讨故事内涵，鼓励学生用英语表达自己的观点，启发学生思维。

美术教学中，学校则从2015年开始尝试软陶特色教学，把大阅读和软陶主题活动结合起来，探索一种"美术·软陶慧读融合"教学模式。

"我们根据自己阅读的书目进行软陶创作，比如成语故事人物、经典名著

□南城阳光二小的数学课程　　（孙俊杰　摄）

人物都能成为软陶的主角。”在学校品牌开放日上，一位学生介绍了自己的软陶学习体验。据了解，浸润在大阅读氛围中，该校学生创作了诸多以岭南文化、绘本童话、成语故事为蓝本的软陶作品。

打造深层次的课程融合体系，以语文大阅读为第一阵地，从单一学科试点到多点开花，涉及数学、英语、体育、美术、音乐、科学等学科，促进慧读教育与学科教学的深层次融合，这是南城阳光二小“慧读教育”课程体系的建设思路。除了语文、英语、美术学科之外，南城阳光二小还在各学科探索出了数学“四五二”智慧阅读教学模式、“体育·文化足球”慧读教学模式等。

阅读在课堂之上，也在课堂之外。南城阳光二小不仅为学生创设的阅读的课堂和校园环境，更将“全员阅读”的氛围在师生家长中播撒开来。

阳光二小创设的“慧读父母学堂”的专项制度，优选专门的骨干教师或意识超前的家长担任讲师，指导家长学习亲子阅读的方法与技巧，同时组织教研团队开发亲子阅读教材，对亲子阅读的书目选择、阅读技巧等进行全方位的指引。与此同时，学校还专门设立“读书大王考核”“书香家庭评比”“书香文化节”“软陶文化节”“岭南大阅读联盟展示研讨会议”等多种类型的主题活动，为学生家长提供多样化的展示平台。

品牌在本校根植的同时，“慧读”基因也不断在业内传播。阳光二小发起并组建“岭南大阅读联盟”，主持开展多届联盟活动，慧读教育的辐射范围开始由省市扩大到全国。同时，在东莞遴选的首批“公托民”托管试点中，南城阳光二小所托管的东莞市波利亚外国语学校，也将阳光二小的“大阅读”“软陶课程”等“慧读教育”的核心项目引入，并取得良好收效。

长安镇实验小学：在愉心悦性中深化“悦文化”

从格致楼的三间音乐教室外依次走过，一首《我们走进十月的阳光》被同学们用高低不同的声音各自练习演唱，半小时后，在长安镇实验小学的广场上多声部进行大合唱联排，共同演绎这同一首歌。

这是长安镇实验小学的“音乐走班教学”，通过这一教学模式，教师充分利用课堂做到因材施教，让每个学生都能融入并参与到合唱学习中，意在实践学校“多元发展，悦启人生”的办学理念。“悦”是贯穿长安镇实验小学办学的关键词。缘于对“文化立校”“以学为乐”“文化悦心”的思辨与信奉，长安实验小学确立了“悦文化”办学品牌。

一走进长安镇实验小学的校园里，便不难发现，以“悦”为名的场景遍布校园。悦心廊、悦馨吧、悦纳广场、悦学广场……这些校道楼名、校园景观、特色场室、班级景致都被规划成为了一种主题化校园环境，学校将其称之为“山林书欢，绿野童悦”，希望学生在其中随地“拐角遇见爱”。

这是最显而易见的“悦”。在“文化化人”上，学校始终通过“教师悦己育人、学生悦己及人、家长悦己育孩”来发挥其“成人”的力量，并以相应的“文化生命”来显现文化生成的品质。

从长安实小校园的上空俯瞰，随着音乐的响起，跳短绳长绳的、做绳操球操的、进行足球比赛的，五花八门的运动项目在学校的各大操场、球场同时开展，这是学校品牌开放日上所展示的“螺旋滚动式”大课间。

与一般大课间不同的是，它既非全校统一编排推广的课间操，也非完全由各班散乱的自行组织，而是创新性开展地将短绳、长绳、毽子、篮球、足球和武术六个运动项目在不同的年级中进行滚动教学。“每6—7周在各年级中‘滚动’轮换一次，让学生一个学年玩遍六个项目。”学校相关负责人介绍，虽然学生每年接触同样的6个项目，但练习难度要求层层递进，从而促使学生运动技能水平上升，因而被称作“螺旋滚动式”大课间。

与“音乐走班教学”相同，开放日上所展示的“螺旋滚动式”大课间也是学校教学特色的一部分。这样的教学设计既避免了内容的重复枯燥，又不至于“蜻蜓点水”简单低效，在愉悦的体验中得到成长。

据介绍，在“悦文化”引领下，长安镇实验小学建构了“悦心”“悦

□长安镇实验小学，学生在练木桩　　（孙俊杰　摄）

智”“悦美”“悦体”四类体系的特色课程。具体而言包括，以“开展心理辅导、编演心理剧”为课程内容的悦心课程；以“超脑思维游戏、经典阅读、英语口语和阅读训练”为各社团活动的“悦智课程”；坚持“体育2+1”，以“武术、足球、乒乓球、种植”等为课程内容的悦体课程；以“器乐、合唱、泥塑、剪纸、国画、舞蹈、打击乐、尤克里里”等为课程内容的悦美课程。“四悦”课程融合国家课程与地方课程，其中必修课程10门，社团选修课程超过30门，将“悦心明德、悦学明智、悦美慧人、悦体强身”作为课程育人目标。

长安镇中心小学：构建师生艺慧生长的美育校园

艺慧小舞台上，声乐合唱、葫芦丝、竹笛的精彩表演接连不断，孩子们在这里展示自己的兴趣特长；摘星楼体育馆内，学校管乐团的小乐手们熟练地演奏小号、长笛、军鼓等乐器，音符流淌串联成一首首美妙的乐曲；多次参与央视节目录制的小莲花艺术团的孩子们带来了《赞赞新时代》舞蹈，校内舞台虽小、热情依旧高涨，他们活力四射的表演引得前来参观的家长老师们的阵阵掌声……

长安镇中心小学自2000年起就一直以“艺术、书法、科技”作为学校特色，经过20多年的发展，学校在艺术教育领域取得了众所瞩目的成绩。多年来，学校全方位打造“艺慧教育”品牌，努力建设一所“尚艺明慧、以艺启慧、艺慧相融”的现代化高品质学校。

“艺”，既指“技艺”，是教育的内容，还指“艺术”，即教师授课的艺术。学校希望全体老师都能做到“以生为本”，在课堂的40分钟内，用自己高超的教学艺术去引导孩子、培养孩子们的学习能力。“慧”则直接指向于教育的目标，努力培养“慧思、慧心、慧美、慧创、慧体”的“艺慧好少年”。学校通过开设各式各样的艺术统整课程、社团学院课程和每月一次的活动让学生们获得丰富多元的体验。

瞄准办学目标，学校建立起“尚科技、尚思维、尚健体、尚语言、尚劳动、尚音乐、尚舞蹈”的七艺核心课程，并构建“六艺五慧”的课程体系，课程内容体系全面打破国家课程、地方课程与校本课程的界限，沟通智育与德育的关系，形成以学生为中心的课程体系建构。

在学校的六大社团学院，无论是喜欢安静的手工、书法，还是热情的拉丁舞、足篮球，亦或是时刻开脑洞、想创意的机器人设计，几乎所有孩子都能在学校里找到自己喜爱的事情；在草地上搭帐篷看星星，和父母一起自制“冰镇饮料”，毕业时回顾过去、规划未来，在老师家长的见证下“奔向海阔天空”……每月一节的活动课程都让学生们目盼心思。

“很多家长选择中心小学，就是因为孩子在这里可以获得很多不同的体验，孩子还是要有孩子的样子，过他们该过的生活。”在学校看来，读书只是孩子们生活中的一部分，课堂外的世界非常丰富多彩，学校需要为孩子们考

□长安镇中心小学的智慧创客社课程　　（孙俊杰　摄）

虑，给他们呈现多元化的美，因此长安镇中心小学十分重视“美育”，无论是课程的设计，还是校园文化建设，处处体现着学校“做最美的校园”的办学目标。

在这里，孩子可以做美术家——课堂上师生合作的版画、书法、油画、水彩等作品，会定期在“曦曦画廊”展出，柔和的灯光加上美术馆式的陈列，行走其间就好似真的在看一场画展；

在这里，孩子可以做舞蹈家——由不同年级的男女生组成的享誉全国的小莲花艺术团，不仅多次受邀参与央视的大型节目录制，还曾荣获中国艺术节“群星奖”金奖、“小荷风采”全国少儿舞蹈展演金奖等国家级大奖；

在这里，孩子还可以做体育明星——深受男孩子们喜爱的篮球、足球社团课程，有专业的教练负责培训，各个班级还会分组进行友谊赛，校篮球、足球队更是屡获佳绩，学校也是“全国校园足球特色学校”和“全国校园篮球特色学校”……

“踮脚起舞，伸手摘星”，正如学校的教育内涵这八个字讲到的一样，“我们希望，每一位老师和孩子在‘艺慧校园’这个大舞台中，都能找到并坚信自己与众不同的光芒！”

寮步镇香市小学：“本香教育”传承乡土优秀文化

古筝声中，身着民族服饰的学生左手扶着香篆，右手悬着香勺，演绎优雅香道。窗外，数百棵莞香树在日光下茁壮成长，为校园增添芳香诗意。

莞香是东莞独有的文化符号，寮步香市是清代广东四大名市之一，也是莞人植香、制香、市香历史文化的集中体现。作为以香市命名的寮步镇窗口学校，香市小学多年来探索将“莞香文化”引入学校，以“本香教育”作为学校的文化定位，提炼出“香传市承　识古开今”的办学理念。

“本香教育”是依托莞香这一东莞地域文化符号，以香为特色，以香为目标，立足人本、校本、乡本的教育。人本是指回归教育的本真，尊重学生个体差异；校本指的是凝聚全校师生、家长的才智，以开放的姿态引入外部智慧；乡本则是指实施完整的、立体的莞香文化教育，传承和创新本土的优秀文化。

在这一思想的引领下，香市小学为自己的品牌之路确立了方向：培养坚强、自信、高雅、奉献的香小学子；营造“和谐纯真　聚香竟成”的香小校风；锤炼“崇德守真　馨香育人”的教风；培养“乐学率真　众香养正”的学风。办一所立足乡土优秀文化传统，开启现代教育智慧的融古今教育精华于一体的学校。

在践行当中，学校又按照课堂教学、课程建设、家校合作三大板块制定具体目标。其中，香市小学探索将“莞香文化”内涵融入课堂教学中，构建有美感的课堂，培养学生对自然之美、社会之美、科学之美和艺术之美的发现鉴赏和表达能力。课程建设上，学校致力于在基础课程中渗透莞香文化内涵，培养学生具有诚敬知礼、饮水思源、慎终追远的美德，基于多种感官理解事物及创新实践的智慧和能力，坚韧自强的心灵以及高雅的审美。在家校合作方面，学校通过举办开学礼、散学礼、毕业礼及各种节日活动，让家长认同学校文化。同时继续发挥家长在学校事务中的作用，通过一系列活动打造家长的品牌，进一步扩大优秀家长的影响力。

课程建设是提升学校办学水平的软实力。香市小学“本香教育”课程体系包含两大板块。一方面，落实好国家课程，目前进入课程表的学科课程有语文、数学、英语、体健等共十多门，通过基础课程渗透、延展型基础课程、活动型基础课程的形式，渗透特色文化内核。另一方面，以第二课堂为基础，建

□寮步镇香市小学的泥塑课程　　（孙俊杰　摄）

构核心特色校本课程体系框架，目前建构成型的校本课程包括乒乓球、管乐、合唱、舞蹈、香道等共十多门。

2019年是香市小学的课程改革年，在巩固已有的特色课程基础上，学校进一步开发出具有该校特色的校本课程。支持教师开设校本课程和选修课，每个教师根据自己的兴趣爱好、专业特长至少开设一个研究型课题。学校为学生提供20门以上学校课程，形成校本教材，给学生提供更多更丰富的课程和学习机会。本香课程进入3.0阶段，基本形成了国家课程和校本课程、学科课程和融合课程、基础特色课程和综合拓展课程、少年宫艺术课程和师生双向兴趣课程的多维层叠体系。

为促进教师专业发展，学校成立指导小组协助教师制订“自我专业发展规划书”；高校教授＋学校骨干组成双导师，扎实推进校本研修；鼓励教师发挥所长开设校本课程，如摄影、陶艺、香道等。与此同时，香市小学也注重以科研课题为抓手，引领教师走专业的研究型教师道路。

大朗镇中心小学：“和美”之道立品质

大朗镇中心小学创办于1950年，历经时代变迁。2017年7月，学校开始梳理自身发展历史，挖掘学校资源，深入研究时代教育的要求，提出了“和美教育”办学理念，建构起以美丽校园、课程再造、魅力课堂、管理创新、智慧教育、家校共育等为主要内容的“和美教育”理念体系。

“和美教育”即和谐育人、以美育美、以和为美的教育。近年来，学校以打造“和美教育”品牌为引领，通过对标名校，根据学校特色、教师发展、学生成长、德育管理、课程教学、和美文化，细化出六大具体目标。其中，学生成长是学校发展与教师发展的落脚点，对此学校坚持育人为本、德育为先、基础为要、能力为重、创新为上的原则，坚持个性成长与协同学习相结合，引导学生掌握扎实的基础知识，提升学科知识整合的能力，力争通过六年的培养，让学生成为具备“一身好体魄、一手好汉字、一副好口才、一篇好文章、一项好才艺、一门好外语”的“和美少年”。

2018年，大朗镇组建了以中心小学为龙头学校的教育集团。面对新一轮发展，中心小学投入数千万元建设新教学大楼，同时在学生培养、队伍发展、课程建设、科研引领、品牌培育方面提出了更高的办学要求。其中在学生培养方面，坚持面向全体，培养学生五大素养，完善学生发展指导机制。开展自觉强化仪式教育，开发自选、自创课程，开设自主管理项目活动，开创自动参与“三协同机制”，开启多元发展性评价，让每个孩子的个性特长都得到正确的引导。

围绕学生核心素养培育，中心小学着力开发跨学科课程，建构起以学科课程、拓展课程、主题教育课程等为主体框架的“1＋5＋X”和美课程。在课程类型上，学校依据国家基础性课程内容，增加体育、足球、戏剧、积极教育心理学、STEAM等课程；在课时安排上，学校依据学生年龄特点及课程内容特点，设置“长、中、短、微”学时，让学时安排更人性化；在课程实施上，立足课堂，提出真实问题，完成真实任务，产生真实结果，让教师成为学生学习行为的设计者，让课堂真正成为学习发生、学习留存的地方；在课堂操作上，发挥问题驱动、情境调动、工具撬动和平台互动的“四动”作用，促进深度学习的发生；在技术手段上，推进信息技术与教育的深度融

□大朗镇中心小学，学生在进行模特秀　　（孙俊杰　摄）

合，打造以“微课、慕课、电子书包教学和电子白板技术创新运用”为课程实施形式和手段的教育新模式。

与此同时，学校也注重加强学生全面评价和过程评价。探索改革学生评价方式与评价结果的呈现形式，构建新型“和美评价”体系，探索实施学生“和美评价”手册， 同时不断完善“一单”“一册”“一护照”“一报告”的“四个一”评价载体，实现学生培养目标达成的最大化。

在教师队伍建设方面，学校根据教师年龄结构与专业发展程度的不同需求，建立分类评价与培养机制，推动教师教学风格的形成。一方面注重推进个体提升，比如建立青年教师专业成长与发展培养机制，通过“请进来、走出去”等途径开展校本培训和校本研修，通过建立相关听课、评课、教学基本功考核和教研会议制度等等。另一方面，推动团队共生，一是建立不同层级的学习共同体，做强备课组、教研组、年级组、班科团队、课题研究小组、重大项目组等，把这些组织建设成学校的学习共同体与专业攻坚组织，促进学校团队的知识共享与专业共生；二是建立校内“教师工作坊”，以老带新，以强扶弱，实现同伴互助、团队共育。另外，学校也探索以“云技术”平台为依托，推进资源共享，深度挖掘校外支持。

凤岗镇镇田小学：“力行”书写“田文化”教育品牌

位于凤岗镇雁田村的镇田小学，创办于2003年9月，原是一所由村委会主办的农村小学。2006年8月起，学校改由凤岗镇政府办学。

谈起乡村小学，学生少、师资弱、质量低下、素质教育难以落实，通常是人们对它的刻板印象。而作为一所村小，凤岗镇雁田村的镇田小学办学十余载，一系列国家、省市荣誉加身，有口皆碑。

镇田小学以“耕心种德，力行致远”为办学理念，着力打造“一亩心田种春风”的学校特色文化、“全面、个性、创新”的多元培养平台、“果行育德，躬行培真”的教师专业团队，通过自主开发和梳理的“田TIAN型”课程体系，将教育理念贯彻到教育教学的方方面面。

其中，学校课程构建中有德育和体育两大主线，贯穿形成镇田特色。德育方面，从课程研究到课程实施，在成长伙伴、亲子家庭常态、家庭作业、心品课程等融入了体验式德育教育；体育方面，学校的体育节、大课间等已经陆续开展十余年，设立之初就倡导“人人体育”。“体育在体育外，德育在体育场上”被视为教育的追求。”

具体来说，“田TIAN”课程分为“Talk/Team（品德与合作力）”“Idea/Intellect（知识与创造力）”“Athletics/Art（健康与审美力）”“Nature/Native（特长与自信力）”四大主题课程版块，将国家课程、地方课程、校本特色课程有机融合，连接了“品德、智创、健艺、生活”四大板块，为学生“全面、个性、创新”发展奠基。

在这一课程体系之下，学校积极推进高效课堂、翻转课堂实验，通过“目标引领—自主学习—互动交流—分层达标—拓展延伸”的教学模式，提升学生个体学习的主动性和团队学习的积极性；推进和谐互助学习模式建立，提高学习效率，充分发挥学生的主体功能和学习团队的互动功能，使不同层次的学生都得到成长。

学校在长期的发展过程中，一直坚持“最好的课堂是实践”，注重体验，身体力行。从本质上说，力行教育就是实践教育、现实教育，推崇的是尊重实践、勇于探索。它不只要求同学们要将所学知识付诸实践，在实践中获得真知，同时也要求老师做一个终身的学习者、思想者。

□凤岗镇镇田小学，同学们在玩游戏，磨炼彼此间的默契　（孙俊杰　摄）

村小的发展，师资力量是一大关键。为此，镇田小学为教师专业成长打造培养体系，为不同层级的教师铺设专业发展通道，促进教师立体化发展。积极落实名师工程，打造品牌教师队伍。同时打造“科组轮训”“教师招牌菜”“教练型德育教师”等教师自育、互学项目，通过“师徒结对”“青蓝工程”等形成以“伙伴引领-团队研修-交流反思-自我成长”为模式的镇田教师专业成长道路。

学校针对班主任、中层、领导班子、新教师、骨干教师，都会有三年、五年的详细规划。以新教师为例，所有刚来的新老师由校长跟进政治思想教育，副校长跟进教育科研，配备有两个师傅，帮助其在班主任工作和教学工作上进行提高，“传帮带”让老师有不一样的起点。特色学校创建过程中，学校还逐步确立了“科研引领发展、课题带动成长”的发展策略，将教育科研作为课程建设、队伍建设的内在驱动。

营造一个以校园文化建设为根基、课程体系构建为主导、多元成长平台为延伸、教师专业团队为动力的绿色、健康的教育生态环境，镇田小学正力图在莞邑东南角塑造新时代乡村发展素质教育的新样本。

塘厦镇中心小学："阳光教育"助力学生多元发展

赭黄色的外墙与蓝色玻璃相应，白色装饰点睛，走进塘厦中心小学校园，阳光下建筑格外醒目。操场上，绿油油的草地有学生踢足球、打篮球、跳健美操，还有学生练习高尔夫球，这样的一幕幕，每一天都会在校园上演。

2010年，塘厦中心小学启用新校区，并提出"阳光教育"的办学新理念——启发潜能，多元发展，让每一个孩子健康阳光地成长。围绕学生成长，学校持续深化阳光教育文化内涵，构建更加科学、更具特色的"一二三四五六七——阳光教育文化体系"，即一种阳光校园教育生态；"恒爱"与"温暖"并重两大教育灵魂；播撒阳光传递爱的教育观、生命生长师生和谐的教学观、多元发展健康阳光的学生观三大教育观念；构建四大文化系列，即健康阳光的精神文化、公平激赏的制度文化、开放温暖的显性文化、多元和谐的"两课"文化；倡导阳光"五育"并重，德育、智育、体育、美育、合育。以此为基础，学校提出培养"规范、明礼、感恩、诚信、自信、优雅"的六大个性品质阳光少年；并通过七色课程体系，将阳光教育人文体系付诸实践。

连续多年获得东莞市健美操比赛单项和总分第一名；借助"世界高尔夫球名镇—东莞塘厦镇"的有利条件，在校内设立了高尔夫训练场，并组建了高尔夫特色社团，接连获"塘厦镇高尔夫博览会"现场模拟器大赛冠军；每一年"阳光T台"活动持续半年，从学生节目海选到最终以盛大的T台秀形式呈现成果，人人皆有机会参与；陶艺室里，造型各异的作品皆有机会展示……

以"启发潜能"和"多元发展"为目标，塘厦镇中心小学建立了丰富多彩的校本课程，健美操和高尔夫成为其中的王牌代表，"阳光T台"成为学生展示自我的大舞台。据了解，学校搭建起"七色"课程的基本框架：红色品行课程——阳光班级评价课程、年级主题特色课程、"温馨e家"创建课程、"七色少年"毕业课程；橙色康体课程——阳光体育节课程、阳光趣味小课间课程、健美操及高尔夫课程；紫色艺术课程——"阳光T台"课程、"素陶漫塑"特色课程；青色传统文化课程——经典吟诵书香课程、"阳光习字"静心课程；蓝色涵养课程——阳光阅读儒雅课程。此外，依托现有的阳光科技节和生命课堂，建设黄色思维力课程和绿色生命力课程。

其中，活动性课程建设以"阳光T台"活动为模板，定计划、定时间、定

□塘厦镇中心小学，学生在足球场挥汗　　（孙俊杰　摄）

地点、定操作人员、定活动内容，建立活动机制；教学性课程则以东莞市品牌学科“素陶漫塑”为参照，以教材为基础，以课时为载体，从第一课堂普及保障、第二课堂提高选苗、社团课堂培优拔尖、活动课堂展现特色四个阶段为一体，建设特色项目、特色学科、特色品牌。

教育教学活动的开展，离不开师资团队的打造。在办学过程中，学校以名师培养促进团队建设，落实《塘厦镇中心小学阳光教师“金字塔团队”培育方案》，依托学校现有的名师工作室教师发展平台以及省、市、镇教师专业成长机制，促进教师专业发展，以此支撑阳光教育持续、稳定、高层次、高品位发展。

与此同时，家校和谐共育也是学校一大亮点。2012年，学校成立了班级、年级和校级家委会，在家委会的带领下，分别成立家长学校、家长义工队、家长服务队，从成立之日起，家长在学校提倡“每位家长每学期义务为孩子们服务一天”，并自发组织疏导校门口的早高峰交通，每一学期末都会评选感动塘小十大家长义工、塘小优秀服务队。面向未来，学校一方面将继续拓展家长参与学校管理服务的领域，充分发挥家长力量；另一方面，继续提高家长对阳光教育理念的认同度，并自觉地在家庭教育中渗透阳光教育的思想，同时引入高水平的家庭教育资源，拓宽家长学习成长的渠道，让每一位家长伴随孩子不断成长，进一步促进家校和谐共育。

常平镇中心小学：打造动静相宜的律动校园

常平镇被称为“东莞篮球之乡”，也曾被评为全省首个“中国硬笔书法名镇”，篮球和书法这一动一静的特色文化成为常平镇闪亮的名牌。秉承该镇的优秀传统，常平镇中心小学着力打造“律动教育”品牌，确立了“因循规律、动静相宜”的办学理念，并将以篮球、书法、笛子为龙头的“一动一静一演奏”三大特色项目融汇到“律动教育”的品牌特色创建当中，走出了一条区域性品牌学校的特色发展之路。

从多年前开始，学校就提出以体艺教育为突破口，全面推进素质教育，重点打造了以篮球、书法、演奏为龙头的特色项目。为此，学校采取“普及＋提高”的方式，一方面开设全员参与的第一课堂，另一方面加强特长生的训练。例如在竹笛教学方面，学校从一年级新生开始抓好入门教学，并发掘有兴趣、有天分的学生强化训练，结合其他乐器，将学校“竹韵乐团”建设为市最优质的学校少年宫活动小组。

与此同时，学校也通过开展其它形式多样的社团活动，促进学生个性发展。据悉，学校共开设了70多个少年宫活动小组，分为人文素养、科学实践、生活技能、身心健康、国际理解五大类。其中人文素养类主要包括国画、书法、阅读、竹笛；科学实践类包括code编程、DIY机器人、创意橡皮泥、科学发明、趣味科学；生活技能类主要包括烹饪、艺术纸雕；身心健康类包括踩高跷、飞行棋、呼啦圈；国际理解类主要涉及英语话剧和演讲。与此同时，学校还设立了四个校园节日——智趣节、英语节、书香节、才艺节，充分为学生施展才华、张扬个性提供了舞台。

品牌理念的塑造和落实，需要系统的课程体系建设作为支撑才能更加行稳致远。在“律动教育”品牌统领之下，常平镇中心小学基于办学主题要求、核心素养培养要求与学生多元发展需求，形成了“至诚、知礼、励勤、敏活”的育人理念和课程理念。

遵循以上思路，学校成立课程研究中心，全面负责开展学校课程建设工作，组织全校教师，研发了学科拓展教材、艺术学习教材、阅读学习资料等系列化校本教材，为课程的顺利实施和学生学习提供了重要的学习资源，让学校课程构建更科学、更系统化，让课程实施更落地、更顺利。

□常平镇中心小学书法课程　　（孙俊杰　摄）

其中，构建“高效•智慧课堂”，实现“国家课程校本化”是该校课程体系建设的一大亮点，通过开展主题统整式的教学研究、加强教学环节的监控、探索各学科“高效•智慧课堂”的教学模式等措施，着力提升课程建设水平。

在东莞“慧教育”理念引领下，学校以四、五年级为试点，教师在课前通过微视频等提出预习要求，提高学生自主学习的意识和能力；课中使用平板教学，借助大数据分析系统，教师能快速掌握学生学习情况，便于因学定教；课后可以通过知识重难点和作业推送，强化学习效果。

近两年的实践中，教师不断探索智慧课堂的教学路径，提高课堂效率，形成“高效・智慧课堂”夯实常态课、抓好过关课、打磨精品课、创新示范课四种课型，收获了广泛好评。

与此同时，学校也在着力探索未来课程建设。据悉，现阶段主要内容包括《音乐中的数学》《水墨游戏》《英语国际理解力》等校本课程，以及部分学校少年宫活动项目、学校德育课程等。这些课程都具有个性化、丰富性和跨学科的特点，与信息化、大数据、人工智能和核心素养息息相关。相关负责人表示，“我们希望这样的课程能成为孩子的生长力，提高孩子的竞争力，融入社会的适应力。”

松山湖中心小学：谱写“全人课程”三部曲

2018年，松山湖中心小学的“全人课程”被评为广东教育十大创新案例，与此同时，通过集团化办学输出办学经验，“全人课程”在寮步镇西溪小学成功推广。至此，“全人课程”在其教育品牌核心地位得以确立。正逢建校十周年，学校也获评东莞市首批品牌学校。

学校认为，课程改变，学生才会改变；课堂改变，学校才会改变。从课程转型到教师转型，再到教学转型，回望松山湖中心小学多年来的办学历程，松山湖中心小学自我谱写了“全人课程”三部曲。

从顶层设计上确立课程立校，是“全人课程”三部曲迈出的第一步。办学历程的第一个五年，学校致力于破解国家课程校本化实施难题，希望创造多元化、个性化课程来适应学生的发展。这一时期，学校构建了学科基础课程、学科拓展课程、主题活动课程三位一体的“全人课程”体系，实现了由外在“给定型”课程改造为学校“内生型”课程设计转型。

学校提出“教育从生活开始，与生命同行”的办学思想，把“人”写进教育的核心。学校在实际教学过程中一直坚持突出学生的个性发展。“全人课程”体系中，学科基础课程以国家课程为主，学科拓展课程注重发展学生的特长，主题活动课程则将道德与法治与校园节文化结合，三类课程分别为“塑造精神生命、开凿自然生命、构建社会生命”而构建，“最终目的是培养完整的人”。

全人课程2.0关键词为“教师”。校方认为，一座学校就像一片森林，它有不一样的生态。松山湖中心小学关注的不是个别教师的成长，而是整个教师群体的共同发展。“教师生态发展”策略成为学校团队提升的重要引领。

松山湖中心小学在师资培训上大胆尝试，采用磨课俱乐部、招投标、自驾游、领头雁、脚手架等方式给老师搭建平台。学校还设有一整套全人课程胜任诊断，教师可通过自评和校评明确定位和差距，学校也能更有针对性地介入和帮助教师成长。与此同时，由“单一型”向“复合型”课程师资转型，越来越多的一专多能的教师在松山湖中心小学诞生。

以“深度学习”为中心开展教学转型，学校迈入全人课程3.0的探索。

由以往的知识型教学转向能力型教学，打造深度课堂，培养学生深度学习

□松山湖中心小学的舞蹈社团　（松山湖中心小学供图）

能力，包括音体美在内，学校在各个学科都在深度学习的热土上深入挖掘探索。语文的“主题教学”、数学的“问题教学”、英语的“TBLT教学”、科学的“现象教学”……课堂教学聚焦学科核心素养，其中关键要点是：以要素导航，促进“教”的变革；听课革命，促进“学”的变革；思想赋能，促进“场”的变革。

“达人堂”记录了学校关于深度学习开展的诸多探索。置身这一空间当中，可以轻易地从墙面和屏幕上了解学校开展深度学习研究的每一个“第一”。第一批工作坊组长、第一批成熟课例、第一批U型座位、第一份课堂观察……这所学校一直为外界所称道的教学变革，图文并茂地娓娓道来。十年沉淀，难得此间。据介绍，其中许多的“第一次”对于深度学习都是开创性的。

多年来，学校在“深度学习”上开展了诸多研究。学校总课题“基于深度学习的教学方式变革”申报立为广东教育学会“十三五”教育科研规划课题。围绕学校五年规划，各个学科的有关课题逐渐形成了研究主题相对集中的课题研究群。学校的教学实践成果《深度学习很倾城》系列丛书也已完善出版。

松山湖实验小学："无痕教育"关注学生生命发展全过程

早晨8点，学生们端正地围坐在桌前，在小主持人的带领下用诗词朗诵的方式开始崭新一天；中午2点，午后的阳光暖暖地洒在窗前，孩子们一笔一划地静心书写，规范汉字书写能力；下午4点，各个年级的教室里都传来了悠扬的器乐声，萨克斯、长笛、葫芦丝，孩子们以音乐陶冶性情，以艺术丰盈成长……这是松山湖实验小学学生的一天。

松山湖实验小学成立于2010年9月，学校与东莞中学一脉相承，一直秉承东莞中学"为每一位学生的终身发展负责"的办学宗旨和"自主、和谐、共同发展"的办学理念，创建"无痕教育"办学特色，积极构建智慧课堂，狠抓教育教学质量，在这里学校关注每个学生生命发展的全过程。

杜甫诗云："随风潜入夜，润物细无声。"可以说，"潜移默化，春风化雨"是教育的美学意境，"润物无声，教育无痕"是教育的至高境界。

松山湖实验小学从建校之初就推行"无痕教育"的教学理念，主张用孩子们容易接纳的形式开展教育教学工作，让学生在潜移默化中获得知识、形成能力。

假期组织学生走进社会开展"小眼睛看世界"活动、在校内为每个班开辟一块"开心农场"实践园地、每年开展"感恩特色贸易会"的实践活动……学校为学生创造参与道德实践活动的机会，孩子们从"眼见为实"到"心有所思"，从"亲临其境"到"身体力行"，在实际体验中形成更直接、更立体的认识。

除了定期举办相关德育活动外，松湖实小还根据学生的需要，在扎实推进国家课程校本化实施的基础上，开展"一日特色课程"——"晨诵午练""男足女舞"及"暮韵"，将德育的内容与人文、艺术、体育教育相结合，让学生在深厚的文化积淀、丰富的艺术修养中学习成长。

英语课上，同学们提前通过人手一台的平板电脑进行了课文回顾和单词预习，课堂听讲时，孩子们已经大致了解了知识点；创客空间内，孩子们三三两两分组设计属于自己的机器人，在老师的指导下，他们的机器人能走能跑甚至能完成更高级的指令；秋日暖阳下，操场上人声鼎沸，一年一度的"足球文化节"正在举行，花式足球表演、兄弟校友谊赛、足球知识竞赛等等项目点燃了孩子们的激情；另一边的书香广场上，女孩子们正伴随着悠扬的乐曲起舞，曼

□松山湖实验小学从建校之初就推行“无痕教育”的教学理念，主张用孩子们容易接纳的形式开展教育教学工作，让学生在潜移默化中获得知识、形成能力 （孙俊杰 摄）

妙的舞姿也是校园内的一道风景线……在松山湖实验小学，一切教学活动的出发点都是以‘学生发展’为本，指向学生生命成长的需求。

课程是教育活动的主要载体，是实现育人目标的关键因素。语文课程以单元设计带动内容重组，以“海量阅读”“生活习作”等学习活动，让学生的语言能力获得更具体、更全面的提升；数学科组除在全校各年级同步按层级推进“速算王”特色活动外，还为每个年级设计了适合各个年龄阶段孩子的补充学习模块；音乐课程的“器乐进课堂”、体育课程的“足球进课堂”等，都是学校各学科组对国家课程校本化实施的具体途径。

同时，松山湖实验小学通过一系列特色校本课程，强化以弘扬优秀中华传统文化为主的经典古诗文教育、以管乐为主的艺术教育、以足球为主的体育教育、以创客为主的创新教育，使学生德智体美等全面发展，提高学生综合素养。每位实小学子通过六年的学习，均可练就一手规范汉字，至少学会演奏三种乐器，男孩子学会踢足球，女孩子学会跳12支舞蹈，这一建校之初的教育目标已经实现。

虎门外语学校：以“特”育人促学生全面发展

深耕在依山傍海的珠江口东岸，与虎门大桥交相辉映。从一所新兴民校，成长为东莞市第三批品牌学校，东莞市虎门外语学校（下称“虎外”）用十余年办学历程书写学校发展之路，也不断打响品牌建设之路。

秉承“创办一所理念先进、特色鲜明、阳光自信的品牌学校”的办学目标，围绕特长教育与品牌定位，虎外办学之初便有了清晰的定位——三位一体，以特育人。

占地20.8万平方米、建筑面积30万平方米、学习场地超过5000平米，良好的办学条件为学校打造个性化、特色化学习生活空间提供了支撑。生命科学室、金加工车间、声光影室、航模室、创客室……学生在实践中探究和验证知识，在实践中归纳论证知识，好奇心、求知欲、理解力、想象力得到充分激发释放。

为打造学校艺术教育品牌，构建“基础知识、核心素养、专项特长”三位一体教学模式，虎外率先执行《义务教育艺术教育新课标（2022年版）》，意在让孩子在虎外接受更加科学更加全方位的艺术教育。

“学生的特长提升后，也反哺了整体课本学习的提升。”学校相关负责人表示，在一次次实践中获得成功与成果，从每一次解决问题、触类旁通中收获

□办学之初，虎外便有了清晰的办学定位——“特色育人” （虎门外语学校供图）

□未来虎外将坚守“一体两翼三特色”的特色发展路线，帮助学生找到适合自己的兴趣点
（虎门外语学校供图）

自信心和成就感，助推学生全面发展。

优秀的师资是培育优秀人才的必要保障。为更好地培养学生，学校坚持党建引领，着力建设一支学历高、素质好、业务过硬、爱岗敬业的教师队伍。

以学校特色艺术教育为例，学校特聘多名教授专家深入课堂，严抓教研、促进教学，引领指导艺术教师专业成长。抓住东莞打造“品质课堂”契机，学校艺术“品质课堂”以新艺术课程标准为依据，邀请优秀专家团队入校指导弦乐团、管弦乐团、舞蹈队、合唱团等艺术团体发展，专业教师们为师生带来智慧涌动的课堂、精彩纷呈的视听盛宴，潜移默化影响了学生，也为学校培养优秀的艺术人才打下坚实基础。

多措并举的师资团队打造，迎来累累硕果，近年来在教师指导带领下，虎外学子在各级各类比赛中屡获佳绩：数百人次荣获全国初高中各学科竞赛一等奖、全国青少年科技创新大赛一等奖等多项荣誉；艺术教育蜚声海内外，管乐团多次荣获省级、国家级、国际金奖。

作为一所以“外语”命名的学校，一方面强化学生特长培养，另一方面学校还注重挖掘学生语言潜能，让学生们以英语为工具讲述中国故事，塑造文化自信，成为勇于表达、善于表达、乐于表达的国际化人才。

校方介绍，未来虎外将坚守“一体两翼三特色”的特色发展路线，在课程的设置上给予学生更自主、更丰富的选择，帮助学生找到适合自己的兴趣点，催生强劲的学习动力；在教育教学理念的树立与实践上，跟上时代前进的步伐，给予学生更广阔的发展空间。

第三部分 品牌论道

学校特色打造与品牌发展

□苏君阳

品牌学校创建的过程，就是谋求学校发展与学校办学质量提升的过程。因此，当学校发展与办学质量在社会上产生广泛影响与认同后，就意味着学校品牌已经形成了。品牌学校既是学校发展结果的一种表现形式，也是谋求促进与提升学校发展水平的重要手段与途径。重视与加强学校品牌建设，对于提升学校办学质量具有非常重要的意义。

一、品牌创建应该从学校特色打造着手

品牌是学校的无形资产，一旦品牌形成，不仅能够扩大学校的社会影响力、识别度，而且还能够产生一定的虹吸效应。重视与加强学校品牌创建工作，不仅有利于提升学校的办学水平，而且，对于促进区域教育质量整体提升也具有非常重要的作用。

品牌建设理念与行动最早产生于企业的生产与经营活动之中，后来，逐渐地引入与借鉴到学校管理与办学活动之中。众所周知，学校与企业的性质是不同的，因此，学校品牌建设的理念、方略，也应与企业有所差异。现代营销学之父菲利普·科特勒认为企业的品牌包括属性、利益、价值、文化、个性与用户六个层次。学校办学与企业经营不同，其在办学过程中更多地会受到外部的计划、政策以及规范的影响，市场因素对学校办学所产生的影响是比较有限的。在学校办学过程中，国家政策以及教育教学规律发挥着主导作用，因此，其用户取向与市场取向是比较弱的。相对而言，学校品牌建设的内容层次要简单一些，其主要包括属性、价值、文化与个性四个层次。

在品牌学校打造过程中，需要将品牌学校与学校品牌区别开来。学校品牌

指向的是学校中某个特定领域与特定活动，如教学品牌、课程品牌、德育品牌等等。品牌学校不是指向于某一特定领域，而是指向于学校的整体层面，是在诸多领域与活动的品牌形成后的结果。一般来说，一所学校只有在三个以上的领域形成品牌以后，方可以将其称之为品牌学校。因此，如果一所学校中仅仅在某一领域中形成了品牌，我们仅仅只能将其称之学校品牌，而不能称之为品牌学校。学校品牌反映的是学校中某一领域中的实力与质量，而品牌学校则反映的是学校整体的质量与综合实力。

不论是学校品牌，还是品牌学校皆可以从学校特色创建着手打造。学校特色的含义有两种理解的角度：一种是个性化角度，另一种是优势化角度。从个性化角度来分析，学校特色是指一所学校与其他学校相区别的自己学校所独有的特征。从优势化角度来分析，学校特色是一个学校所具有的强于其他学校的方面或在学校内部能够产生最高成就价值认同的方面。因此，对优势的比较主要有两种方式：一种是内部比较，另一种是外部比较。前者通过比较所形成的优势被称之为内部优势，后者则是被称之为外部优势。如果某一学校与其他学校相比特色与优势兼顾，则是意味着这所学校的品牌已经形成了。

二、学校品牌创建应该确立的几种意识

人的行为是受意识支配的，有什么样的意识就会有什么样的行动，有什么样的行动就可能产生什么样的结果或后果。为了保障品牌学校能够顺利打造成功，今后在学校办学与管理过程中应该确立与形成以下几种意识：

（一）行动研究意识

品牌创建的过程就是一个以科学研究为基础，积极地开展专业行动的过程。因此，品牌创建所需要开展的科学研究活动，并不是一种纯粹的理论研究，也不是以他者作为对象的研究，而是基于学校的本土实践所开展的校本行动研究。在品牌创建过程中，不论是干部还是教师皆须确立与强化校本行动研究意识，否则，品牌创建就难以实现。校本行动研究包括以下几个方面的含义：1．以解决学校发展中的问题为本；2．以实现真善美为根本目的；3．指向学校相关人员或群体的行动改进。

（二）优势发掘意识

学校品牌创建是建立在优势定位与发掘基础之上的。学校优势是一种相对优势，而不是绝对优势。在对优势进行发掘与定位过程中，既可以与其他学校进行比较，也可以在学校内部进行比较。如果学校的单方面实力与整体实力都不如其他学校，那么就需要做好学校内部的优势比较。对于薄弱学校而言，主要是做好内部优势比较。一般来说，学校发展的过程皆是一个由点到面、由局部到整体的过程，因此，在品牌学校打造过程中需要确立与强化优势发掘意识，这是保障品牌学校创建成功的重要前提之一。

（三）质量提升意识

学校品牌与企业品牌创建不一样，企业品牌首先需要在工商局进行注册，然后才会对其进行品牌的打造。而学校品牌是不需要在工商局进行注册的，但其需要在师生员工中在心里进行注册。师生员工对品牌进行心理注册的过程就是一个学校发展特色与优势进行定位的过程。在品牌创建过程中优势定位与质量提升是同时推进的，并且是以质量提升作为学校品牌打造的根本目的。因此，在学校品牌创建过程中，应该牢固树立质量第一意识，并适机推进以质量提升为目的的改革与创新，这样学校品牌才可能被打造成功。

三、学校品牌打造的基本行动策略

（一）做好品牌创建的内容定位

学校工作概括起来主要包括三个方面：德育、教学与管理。每一方面都会涉及纷繁众多的工作事务，但学校品牌是否得以形成最终是通过人才培养的质量状况来判断的，而人才培养质量高低主要是由教学工作开展的好坏所决定的。因此，在推进学校品牌创建过程中一定要围绕着教学这一学校中心工作来进行。在学校办学与发展过程中，德育、管理与教学工作是相互促进、相互补充、相互融合的。因此，品牌创建不能将德育、管理与教学活动隔离开来。此外，也不应将教学理解得太狭隘。课程安排、校本课程开发、教材的选择、教师备课、作业布置与评价等等皆是教学活动的重要组成部分。课程与教学是学校品牌创建的核心内容，其他方面品牌活动的创建皆应该以课程与教学为核心，并为二者的发展而服务。

（二）打造一支高水平专业化的干部与教师队伍

教师是学校品牌创建的主力军，干部是学校品牌创建的关键。二者对品牌创建皆具有非常重要的作用与影响。那么，在品牌创建过程中应该打造一支什么样的干部与教师队伍呢？首先，需要不断提升两支队伍的课程与教学领导力水平。干部拥有高水平的课程与教学领导力可以为学校课程建设以及教育教学的品牌创建提供科学的领导与保障。教师拥有高水平的课程与教学领导力可以使得学校课程建设以及教育教学品牌创建能够得以真正地落实与实现。其次，需要提升两支队伍的变革领导力与创新领导力。学校品牌创建的过程并不是一个简单的量的累积过程，而是一个质变过程。而若想实现这种质变就须不断地提升两支队伍的变革领导力与创新领导力。最后，需要提升两支队伍的科研领导力水平。科研领导力水平的提升是保障校本行动研究质量以及学校创新、改革取得成功的重要前提。而校本行动研究质量以及学校创新、改革推进程度直接会影响到学校品牌建设的成败。

（三）抓住发展机遇充分发掘内外部资源的潜力

任何一个组织在发展过程中都会面临很多机遇，只是有时其没有被发现而已。一般来说，优秀校长皆能善于抓住学校发展机遇，并将其转化成为学校品牌打造的实践工程与行动。机遇主要存在于学校发展的外部环境之中，因此，在品牌学校创建过程中应该注重从外部环境中发现与寻找机遇，尤其是当外部环境出现了发展变化之后。

在品牌学校创建过程中，需要将机遇的发掘与内外部资源潜力的开发结合起来。否则就会产生机遇的流失与浪费。在学校品牌创建过程中，既需要充分挖掘学校内部资源的潜力，也需要合理挖掘学校外部资源的潜力。资源形式是多种多样的，但最为重要的资源是人力资源。做好人力资源潜能的开发与合理配置，在品牌学校创建过程中具有至关重要的作用。

（作者简介：苏君阳，教授，博士生导师，北京师范大学教育管理学院院长，兼北京师范大学教育督导研究中心主任、北京师范大学教育学部教育家书院副院长、中国教育发展战略学会家校协同专业委员会副理事长。）

区域教育高质量发展的推进策略

□褚宏启

“十四五”开局之年，东莞成为广东第4座GDP超万亿的城市，也成为全国第15个GDP过万亿、人口超千万的“双万城市”。这为东莞教育高质量发展提供了良好的基础，也提出了严峻的挑战。东莞教育只有实现高质量发展才能与东莞的经济社会发展相匹配、相适应。党的十八大以来，东莞教育在提升质量、促进公平方面成效显著。“十四五”时期，东莞聚焦“学有优教”发展目标，以打造“品质教育”为发展战略，以扩容提质为发展主题，整体设计了“九大任务”提升“九大品质”，加快推动教育高质量发展。

面向未来，东莞在推进区域教育高质量发展方面，可以重点从三个方面着手。

一、坚持目标导向，把培养学生核心素养作为重点目标

何为教育的高质量发展？高质量意味着教育对于国家发展、人的全面发展有高质量的贡献，即意味着能够为建成富强、民主、文明、和谐、美丽的社会主义现代化强国做出高质量的贡献，能够为培养出具有科学理性精神、民主法治精神、创新创业精神的现代人（即人的现代化）做出高质量的贡献。人的现代化、教育高质量发展，突出表现在学生核心素养的发展水平上。核心素养是应对21世纪挑战的素养，也称为21世纪素养。21世纪是知识经济、全球化、信息化的时代，科技创新加速，国际竞争加剧。在此背景下，国际组织与许多国家或地区相继提出核心素养的框架，掀起了世界范围内的核心素养热潮，这实质上是教育质量的升级运动，是国际教育竞争的集中体现。

我国积极应对21世纪挑战和国际教育竞争，2014年《教育部关于全面深

化课程改革落实立德树人根本任务的意见》颁布，文件要求研究制订学生发展核心素养体系和学业质量标准，明确学生应具备的适应终身发展和社会发展需要的必备品格和关键能力，将核心素养和学业质量要求落实到各学科教学中。2016年，我国公布了《中国学生发展核心素养》总体框架，把学生核心素养划分为6个方面、18个要点。

2019年2月，中共中央、国务院印发《中国教育现代化2035》，要求发展中国特色世界先进水平的优质教育，要求“制定覆盖全学段、体现世界先进水平、符合不同层次和类型教育特点的教育质量标准，明确学生发展核心素养要求”，强调要“围绕学生发展加强核心素养培养，科学规划大中小学课程”。这个最高层级的纲领性政策文件为其后核心素养导向的课程与教学改革确定了方向。

核心素养主要包括创新能力、批判性思维、公民素养、合作与交流能力、自主发展能力、信息素养等，不仅对于国家发展、国家现代化至关重要，而且对于人的发展、人的现代化也至关重要，核心素养是学生一辈子都需要的素养。人一生面临的重要竞争，按照时间顺序，大致有三类：一是升学，主要是中、高考，要想竞争胜出，最重要的是“会做题”，能拿高分；二是找工作，要想竞争胜出，最重要的是面试的时候“会表达”、思维敏捷；三是在漫长的职业生涯中的职场晋升，这种情况下最为重要的不是纸上谈兵会做题，也不是口若悬河会表达，而是“会创新（聪明的脑）＋会合作（温暖的心）”，在职场中最受欢迎的员工是有点子、会做事、会创造性解决难题的员工，是心存善意、乐于助人、善于合作的员工，所谓聪明的脑、温暖的心就是指的这类人。但是现实往往是，聪明的人往往看不起别人，甚至运用自己的聪明或欺世盗名或欺人敛财，而温暖的好人常常又不够聪明。因此，教育如果是高质量的，就要为学生的一生着想，培养学生一辈子都需要的素养，会做题重要，会表达更重要，而会创新会合作最重要，这些不是对立的，而是可以兼容的。

二、坚持系统思维，整体设计和推进教育高质量发展

区域教育高质量发展的水平，主要看学生核心素养的发展水平，而影响学生核心素养发展水平的主要因素包括课程内容、教学方式、学习方式、教师素质等，面向未来，促进东莞教育高质量发展，着力点应该放在这几个方面，并进行整体设计与系统推进。

第一，以核心素养为导向开发课程体系。课程是为落实培养目标服务的。课程标准研制、教材开发、课程资源建设，都要紧扣核心素养这个育人目标，都要与核心素养精准对接，并以核心素养为中心，不断精简内容，优化结构，加强跨学科学习，做到减负增效。新课程方案要求明确提出“基于核心素养培养要求，明确课程内容选什么、选多少”，注重与学生经验、社会生活的关联，加强课程内容的内在联系，突出课程内容结构化，探索主题、项目、任务等内容组织方式。

第二，以核心素养为导向深化教学改革。满堂灌、死记硬背、题海战术等传统教学方法是难以培育出核心素养的。新课程方案要求准确把握课程要培养的学生核心素养，明确教学内容和教学活动的素养要求，改革教学过程和教学方法，把核心素养的培养落实到具体教育教学活动中。培育学生的核心素养，尤其是培养创新能力与批判性思维，需要运用启发式、探究式、讨论式、参与式教学，激发学生的好奇心，培养学生的兴趣爱好，为学生营造独立思考、自由探索、勇于创新的良好环境。

第三，以核心素养为导向改革评价考试方式。广义的评价包括考试、测验、操行评语、综合素质评价等。评价是个“指挥棒”，用好这个指挥棒，将会倒逼教学过程、教学内容发生深刻变化。要从考知识向考素养转变，将核心素养转换为可观察的外显表现，进而开发相应测量工具，通过终结性、表现性评价等形式对核心素养开展评价。考试评价改革必须强化素养导向，明确核心素养发展水平与关键表现，注重对正确价值观、必备品格和关键能力的考查，注重对价值体认与践行、知识综合运用、问题解决等表现的考查，全面推进基于核心素养的考试评价，建立有序进阶、可测可评的学业质量标准，强化考试评价与课程标准、教学的一致性，促进“教—学—评”有机衔接。

第四，以核心素养为导向提升教师素质。根据学生核心素养培育的要求，重新建构我国教师培训的目标、课程、模式等，教师培训需要整体变革。教师培训目标要紧扣学生培养目标展开，把“让学生切实获得核心素养”或“会培养学生的核心素养”作为教师培训的首要和主要目标，并在此基础上重新构建培训内容、完善培训方式。

我国的高中新课标（2017年版2020年修订）和义务教育新课标（2022年），都充分体现了核心素养导向，把素养导向的课程理念充分细致落实在每一个学科的课程目标、课程结构、课程内容、教学建议、学业评价中，并对教师培训提出了相关建议。纲举目张，素养导向就是“纲”，以此为统领，课程建设才会有主线、有灵魂，才能目标更精准、结果更有效。

三、坚持改革创新，通过治理改革释放学校办学活力

当前，我国区域教育行政管理要解决的突出问题是：政府对区域教育事务管得过多，对于学校干扰过多，学校缺少办学活力，学校、教师、学生、家长等主体对于区域层面的教育决策参与不够。解决这些问题，需要推进以多元共治为本质特征的教育治理。教育治理是指政府、市场主体、学校、社会组织、公民个体等主体共同管理教育公共事务的活动。因此，教育治理不是单一主体的政府统治与管理，而是多元主体的共管共治。

近十年来，东莞市在推进政府教育行政职能转变、推进放管服改革、建立现代学校制度方面，成效显著。东莞是全国4个不设区县的地级市之一，现辖28个镇、4个街道、3个园区，中小学办学实行二级管理，市级承担市属学校办学和招生及全市教育统筹协调，园区、镇（街道）承担本辖区学校的办学和招生。在这一特殊的行政架构和办学体制下，要想实现教育的高质量发展，东莞需要进一步深化教育治理改革，以充分释放每一所学校的办学活力。

第一，政府需要进一步简政放权，让学校拥有更多的“办学自主权”。政府需要给学校下放更多的事权、财权、人权（人事权）等，使学校成为自主办学的主体，拥有办学自主权，让“学校自治”，以激发学校办学活力。2020年教育部等八部门《关于进一步激发中小学办学活力的若干意见》要求深化教育“放管服”改革，落实中小学办学主体地位，主要解决政府对学校管得太多、干扰太多、激励不够、保障不够等突出问题，坚持放管结合，做到“应放尽放”。主要是保障学校的三类办学自主权：（1）保证教育教学自主权。例如，学校在遵循学科教学基本要求基础上，可自主安排教学计划、自主运用教学方式、自主组织研训活动、自主实施教学评价。（2）扩大人事工作自主权。例如，进一步扩大学校在副校长、中层管理人员聘任中的参与权和选择权，奖励性绩效工资由学校在考核的基础上自主分配等。（3）落实经费使用自主权。例如，加大学校经费使用自主权，优先保障教育教学需要，确保学校有效使用、正常运转，依法依规自主使用社会捐资助学的经费等。

第二，提高教育决策的民主化科学化水平，提升教育治理效能。政府主导是整体提高基础教育办学质量，缩小城乡差距、校际差距的基础，但同时要积

极利用社会资源，形成发展合力，充分重视学校、社会组织、个人等主体在不同的决策事项中作用。通过广泛吸收不同参与主体的智慧，确保决策的民主性和科学性，提升教育治理能力。《中国教育现代化2035》要求建立健全社会公众参与教育决策制度，提高公众参与教育决策的广度和深度。

第三，政府要发挥“元治理”作用，充当多元治理的发起人、推动者、引领者的角色，并对治理的结果负责。多元共治有利于释放办学活力、提高决策科学化水平，但是多元共治并不必然带来这些好结果，有时候反而会带来议而不决、效率低下、推诿扯皮等问题。从共治走向善治是有条件的，一个必要条件就是“元治理”，元治理是指“对治理的治理”。在区域基础教育治理中，只有政府能做这些工作，其他主体如学校、社会组织、社区、教师、学生等均没有能力承担。多元主体中只有政府能担当起元治理的角色。政府的元治理作用主要包括：（1）制定程序性规则，规定参与的主体资格、决策程序、决策方式等，使多元共治能够操作运行起来。程序性规则应保证使多元主体都有平等的表达诉求的机会，尤其要保证利益相关者的参与，重点要保证弱势群体的充分参与。（2）对多元主体的多种利益进行整合，维护共同利益。（3）加强统筹规划与宏观调控，解决区域内教育改革碎片化、分散化的问题。（4）对教育治理的结果负总责，对相关主体的不尽责行为进行问责。

2018年东莞启动品牌学校培育工程，分三批共遴选认定了120所品牌学校，遍布全市各园区、镇街，这些学校在推动区域教育高质量发展的过程中，要在学生核心素养的培养方面，在课程、教学、评价改革方面，在教师队伍建设方面，在学校内部治理方面，都发挥示范引领作用。

（作者简介：褚宏启，国家督学，北京开放大学校长，北京师范大学教授。）

资源、发展、融通：集团化办学的三大问题及应对策略

□万恒

“办公平而有质量的教育”是中国教育砥砺前行的新时代目标，地方和教育主管部门为了解决民众对优质教育需求不断增长与优质教育资源稀缺这一矛盾，在扩大优质资源覆盖面上创造了托管制、联盟制、学区制、共同体、集团制等许多行之有效的经验。

集团化办学在降低行政支出、缩小区域差异、优势互补、合作共赢等方面取得了显著成效，是推动区域教育优质均衡发展的现实选择。首先，教育集团从办学理念、管理模式、教师招聘及流动、资源配置等实现了“组织的内部化”，减少了资源流动成本；其次，集团学校形成了独特的品牌效应，统一校名、统一课程体系、统一规范的质量评价体系等，扩大了综合优势。此外，集团化办学多以公办名校、强校为龙头，实现了以强带弱、强弱结合、强特结合等连锁式、加盟式、合作式、联盟式等多种集团化办学样态，缩小了校际差距，提高了成员校的办学效能。

以东莞市为例，2022年8月东莞市第二轮中小学幼儿园集团化办学启动，共组建70个教育集团、成员校207所，不仅实现全市镇街覆盖，并辐射到省内韶关、揭阳，开启跨市集团化办学新模式。在这一过程中，当地品牌学校成为集团化办学的助推力，共有48所品牌学校成为龙头校，带动超过88所成员校共同进步。

一、当前集团化办学的三大主要问题

教育集团化办学，以教学资源更均衡、教师专业资本更强大、教育资源融合为更丰富多样的课程资源等为标准，以为学生提供更具选择性的学习经历和

经验，发展出更为全面有质量的“人”的素养为最终目标。但在实践中，集团化办学在资源共享、学校发展、教育融通上还存在一些问题亟须得到解决。

第一，集团化办学如何在资源共享上实现“单向输出”到“专业共享”？从强校、名校单一复制或输出管理机制、优势师资、作业题库的这种方式可能会造成集团成员学校的“集而不团”。这种“集而不团”，或强化了名校竞争效应，形成了新的教育垄断；或稀释了优质教育资源，失去学校特色的同时催化了教育“平庸的恶”；或各学段之间缺乏有机衔接，导致学生能力培养断层产生新的择校现象。

第二，集团化办学如何通过“优势复制”到“内生发展”实现学校教育高质量发展？集团化办学初期，通过输出课堂教学模式、复制校本课程、教师共同教研备课等“简单化优势复制”能够产生较大效应，但也极易造成一些中层干部、骨干教师的工作压力，带来较强的职业倦怠感，也容易产生一些教师的“等、靠、要”心理效应。此外，区域内有不同的办学集团，以“单一评价导向”来评估不同教育集团的发展，而集团内学校，如果不同类型、学段学校以单一考试、升学为质量评价标准，则容易导致因“单一评价导向”强化集团学校畸形发展。因此，如何促进集团内不同类型、学段学校的“个性化内生发展”，遏制非理性发展机制是一个重要的现实问题。

第三，集团化办学如何积极有效地实现教育的融通？参与教育集团的各个成员校受到历史背景、地域特色、课程教学等诸多因素的影响，都有其独特的办学经历。集团化过程并不是简单的单个组织在行政命令或干预下继续简单的资源叠加，因为这样容易造成“上有政策、下有对策”，也会在集团内校内外教育资源的统整上带来设施设备闲置、投入重合、缺乏创新等问题。

二、集团化办学三大问题的应对策略

集团化办学以优质学校、优质资源为核心，进行资源共享，形成发展共同体，带动薄弱校共同发展。明确集团化办学办学思路、办学主张、育人目标，引领教师自主拓展教育视野、提升教育格局、找到专业自信，尊重学生差异，引导其自觉、自主成长，直接影响了集团化办学实践成效。应对集团化办学资源、发展、融通三大问题，或可从探索集团内“专业共享”机制、构建“和而不同”的共生文化、统筹家校社多方位教育资源等三方面入手，推进集团化办学实现高品质发展。

（一）探索集团内“专业共享”机制

如何从“单向输出”走向“专业共享”，着力点在于固根基、扬优势、补短板、强弱项，探索实践集团内的“专业共享”机制。

“固根基”是统一育人观、课程观、教学观、评价观，以“育人目标”为集团化办学的根基，强化教育观念的改变；“扬优势”是各校基于学校特色、文化基因等梳理已有的优势教师和教师的优势；“补短板”和“强弱项”则是确立完整的学校育人体系下的课程建设目标，实现集团内乃至区域内“专业共享”。依据迈克尔·富兰（Michael Fullan）提出的“专业资本”（Professional Capital）这一概念，只有当教师的人力资本、社会资本、决策资本通过系统发展与整合，创造集体责任形成教学专业，才能“发展出”一批集团内干部和后备干部、一批优秀班主任、一批优秀学科教师，实现集团内学校全面、均衡到有特色、有内涵的发展。

如有些教育集团通过省级、区级、县级名师工作室为引领，启动名校长、名师、班主任、德育等师徒结对活动，建设梯度培训体系，提升教师专业素养。此外，还可以借力于各项国家级、省级、市（县）级科研项目，与教育先发地区、先进学校结对帮扶，加强教师队伍的政治理论素养、学科专业素养、师德师风水平以及治办学能力。通过集团的指导，提高教师对课程的处理、运用能力，充分发挥集团化管理优势，使集团内教师的教学研究形成常态化、规范化，在教师专业资本提升到整体提高教学质量上，取得显著成效。

（二）构建“和而不同”的共生文化

在集团内成员校实现“内生发展”上，应该构建一体化下管理机制。教师专业资本提升体系、课程与教学改革体系和学校科学治理体系下，在德育、课程、教学、师生、家校等方面实现管理组织扁平化，研究并建设“高质量”发展共同体，从而激发学校领导者与教师主导参与、合作互动。

从组织结构入手，探索“选择—均衡型”“联盟—均衡型”“联邦—均衡型”“集权-均衡型”等矩阵式集团化办学模式，让集团化办学模式不趋同、不固化、非同质，形成个性化的实践样态。其中，需要格外注重建立评价“基准”，制定两条关键线，即教学质量评价的基准以及阶段性发展治理目标的基准，基于现实、需求等制定规章，让集团学校内部治理有法可依、有章可循、多元评价，做到教育集团内一校一品、一校一特色，培育各具特色、打破唯分数论的教育平庸化现象。集团内部每所学校的文化基因不同，不应该由弱校、小规模学校单一复制“高分名校”文化因子，而是从身份认同、制度认同、价值认同、发展认同以及细节管理等五方面探索建构学校文化认同的具体策略，建构一种“和而不同”的共生文化。

（三）统筹家校社多方位教育资源

在各类教育的融通组合上，应该从“因需而择”到“因时而变”。集团化办学需要融通校内教育、校外教育、社会教育的各自优势，对家校社多方位的教育资源进行统筹规划、联合开发并且高效利用，形成系统化的校外教育体系和多元化、开放性的育人生态。

教育的融通关键在于“道”而非仅是“术”，不应该只是基于现实需求或行政力量推动发生一些较为随意的、非固定的短期合作行为，而应该根据时代发展、技术创新，不断寻求、不断形成可持续的长远合作机制。高质量发展背景下，对教育集团的资源掌控、规则制定、组织协调和推进变革的能力提出了更高的要求。

以东莞市首个公托公集团化办学东莞中学南城学校为例，通过集团化办学，南城学校实现由薄弱校到东莞市品牌学校的蝶变，离不开对资源要素的统筹整合与利用。如集团化办学之初，即制定了集团化办学的基本思路，理顺了东莞中学教育集团、南城街道和南城学校三者之间的关系，最大限度统筹规划三者角色定位，实现了1＋1＋1＞3的效果。

此外，学校还通过开设“家长课堂”链接家长，力推“请进来，走出去”，邀请华东师范大学、华南师范大学、东莞教育专业机构等，多方整合资源为学校高质量发展把脉，由此形成了一套具有辐射推广价值的集团化办学经验。

（作者简介：万恒，教育部中学校长培训中心港澳台与海外教育研究室主任，华东师范大学教育学部副教授，硕士研究生导师，教育学博士。）

未来教育视野下学校品牌的塑造与提升

□龙宝新

2003年，微软集团和美国费城学区首提建设“未来学校”（ School of the Future）的倡议，一批欧美未来学校逐步建成；2016年，中国教育科学研究院正式发布《中国未来学校白皮书》，出台《中国未来学校2.0概念框架》，中国未来学校建设行动宣告启幕；2022年9月，东莞首所公办未来学校“松山湖未来学校”开学，未来学校在东莞落地生根。

实践需要理念的引领与驱动，教育实践变革发端于先进教育观念的先行炼制。在这一思维指引下，科学定义“未来学校”概念，瞄准“未来性”特征塑造学校品牌，是提升基础教育质量、办好人民满意教育的改革行动力。

一、未来学校的“未来性”特征思考

要建设好一所“未来学校”，关键是要对其根本属性——“未来性”给出科学的定义与精准的定位。不同于普通学校、传统学校，“未来学校”是在未来教育视野下，遵守教育发展规律、响应学生身心成长要求、立足社会变革态势，站在教育改革发展的最前端来重树学校观念、重构学校时空、重建学校内涵、重筑学校文化的一种学校建设理念与实践。

“未来性” 意味着对当前学校时空观、课程观、学习观、管理观的一种扬弃与超越，意味着对全新学校样态的一种前瞻与创构。未来学校的“未来性”是学校新概念、办学新思维、改革新路径的三位一体，是对“理想学校”“超时代学校”“改革先行学校”的特征提纯与观念升华，是对民众心目中的“梦想学校”的集中刻画与生动描绘。为了民众教育梦想而生，为了民众教育满意度提升而建，是东莞未来学校建设的宗旨与本意。

因此，一所未来学校的“未来性”，具体体现为学校空间的未来性、学校课程的未来性、学校学习的未来性与学校组织建设的未来性等四个方面。

二、未来教育视野下学校品牌影响力的主要体现

在未来教育视野下，突出学校的“未来性”，学校品牌的内涵将发生根本性重构，对一所优质学校而言，其品牌价值不再是考试成绩、中高考升学率、学校竞赛排名等，而是真正的文化品牌、育人品牌、课程品牌、管理品牌。

品牌的存在其实是事物内在本质力量的涌现与延绵，是四种力量——品牌感染力、品牌生命力、品牌竞争力、品牌传播力的有机合成。对于学校来说，品牌就是知名度、认可度以及竞争力，是一所学校的硬核发展力与综合影响力。

除了建设首所未来学校，近年来东莞先后培育认定了120所品牌学校，对于这一批品牌以及更多普通学校而言，面向未来持续深化学校影响力，塑造学校品牌，集中体现在四个方面：先进的学校文化品牌、诱人的学校育人品牌、高端的学校课程品牌与引领性的学校管理品牌。

（一）一流的文化品牌感染力

办学校是办文化、办氛围，就是借助新理念赋予一所学校以新灵魂、新气质，并以此感染、凝聚、化育学校中的所有师生与人群。品牌学校的标志性特征在于其品牌感染力或品牌学校文化感染力，品牌学校的文化感染力集中体现在其理念文化上：能否用以立德树人、学生主位、全人培育、追求卓越的理念文化来引领学校建设，能否打造出“一校一品”、特色独具、个性化发展的学校新文化，决定着一所学校的品牌感染力强弱。

为此，对于东莞品牌学校来说要有引领未来、开山辟路、独出心裁的文化创建勇气，要有敢为人先、变革求存、开放发展的文化自觉意识，要持续增进学校的文化品牌感染力，否则学校文化建设极有可能步人后尘、重蹈覆辙，丧失“品牌”的蕴含与特指，最终难以成为普通学校文化建设的标杆与范本。

（二）一流的育人品牌生命力

学校为育人而生，学校的根本职能是育人成人，育人精神的充实与升华是学校品牌生命绵延的经脉。东莞品牌学校所育之“人”一定是具有民族精神、

创新精神、变革精神、自主精神的“现代人”“中国人”“未来人”，其所使用的育人方法也一定是浸透心灵、触动灵魂、润泽心田的“三全育人”之法。所以，强大、有力、灵动的育人精神就是学校的品牌生命力，它铸就着品牌学校的生命魂魄，昭示着品牌学校的生命气质。

在学校品牌建设中，育人是学校办学的首位目的，是学校课程的首要功能，是学校活动的首先任务，打造卓异的育人品牌学校建设的枢纽。学校的育人意图、目标与学校文化建设、环境建设、课程建设、队伍建设融为一体，成为链接品牌学校办学要素的一条内线、主线、红线，让学生人格健康发展、人性茁壮发育、人品正向生长承载着国家、民族、社会对未来学校建设的希冀。

（三）一流的课程品牌竞争力

学校育人功能的实现离不开精品课程系统的实体支撑，面向未来教育开发一流学校课程，建设一流学校课程群落，打造一流学校课程服务，构筑站位高端、学生喜欢、效能独特的学校课程系统，是品牌学校课程建设的中心工作。

现代基础教育课程具有形态多样性、结构复杂性、实践亲和性等特征，品牌学校的一流课程品牌竞争力就体现为：在充分满足学生学习需要的理念指引下，有机统合线上课程与线下课程、活动课程与教材课程、显性课程与隐性课程、学科课程与综合课程、正式课程与非正式课程间的关系，努力构筑一种“面向学生学习需要”的课程资源网络，让学生在面临学习问题时随时可以检索到相应课程资源，享受到满意的学校课程服务，确保学生核心素养的培育畅通无阻地进行。

（四）一流的管理品牌传播力

品牌在传播中形成，在传播中增值，学校品牌最具有可传播性的是学校的组织管理方式、模式与经验，品牌学校的先进管理方式将成为学校品牌传播的直接对象，优质学校管理中蕴含着强大的学校品牌传播能量。进言之，品牌学校的“品牌性”离不开一流管理模式经验带来的品牌传播效应。

现代化学校管理一定是智能化、民主化、学习化的管理，是借助智慧化信息网络、民主决策流程、学习研究型组织来运转的组织管理形态。因之，未来品牌学校建设的重要内涵之一是：大力推进学校的自动化、自主化、自决式管理，让每一个学校人都能在学校管理链条上自主而又负责任地决定自己的言行，贡献自己的智慧。可以推测：这一学校管理思维将成为品牌学校运转的基本模型，成为其他学校向一所品牌学校取经的重点，是学校品牌传播力生发的关键点位。

三、提升学校品牌影响力的改革建议

基于上述分析，没有品牌的学校是毫无个性与影响的学校，没有品牌影响力的学校是发展艰难的学校。在未来教育视野下，要全面建设好学校，就要从以下四个方面入手，科学推进学校品牌建设工作。

（一）深入推行学校的文化建设

学校品牌文化建设的重点，用变革文化重塑学校文化系统，让学校文化的方方面面都体现出变革性、独特性与创新性。在学校环境文化建设上，学校要构筑一种“便于学习、催生学习、崇尚学习”的文化环境，让楼台轩榭、走廊小路、墙壁草坪都成为学习活动发生的地方，成为唤醒学习欲望的诱因；在学校行为文化建设上，学校要成为引导高尚、鼓励创造、重视探索、强调合作、尚美尚德的地方，让积极正向、创新求异、求善求美成为学校人的一种时代风尚；在学校组织文化建设中，学校要倡导民主型、自决型、学习型组织文化，让每一位师生民主负责任地参与决策，让每一个科学可行的办学创意迅速付诸实施，让学校真正成为名副其实的学习型组织与高水平运转的自组织。

（二）善于创新学校育人方式

学校要将关注学生人格发育、人性滋养、人品教育置于学校工作的首位，真正打造“全人教育”系统，为学生一生成人成才打下坚实基础；要善于利用“价值观渗透”艺术、“德育融入”艺术、“学科课程育人”艺术，努力将积极正向的“三观”教育、社会主义核心价值观教育灵活融入学生校园生活的方方面面、角角落落；要善于开发价值观教育隐性课程，利用好人格人品教育的非正式课程，让学校环境、学校活动、学校生活、学校社团等都成为隐性育人课程的载体，努力打造“润物细无声”的学校育人场；要持续开展育人质量监测工作，时时刻刻关注学生人品道德发展中存在的典型问题，开展针对性育人工作活动，真正将学校办成“适人、为人、扬人、成人”的人性化品牌学校。

（三）构筑丰富优质的课程系统

在课程建设中，学校要彰显品牌影响力，就应该从三个角度启动学校课程体系建设：其一是以国家课程为主线，构筑“国家课程—地方课程—校本课程—学生课程”的课程谱系，积极践行国家课程校本化、校本课程学生化理念，开发多模态、丰富性的学校课程资源，研发具有多样性、选择性、可学性的学校课程服务，真正让学生成为课程学习的主体；其二是以教室课程活动为基础，推进学校课程活动、课外课程活动、校外课程活动的三体联动，让学生课程突破教材、书本、教室的限制，构筑开放化、广域性的课程活动天地，满足学生个性化的课程活动需求；其三是组建学校课程开发专业团队，在学校调研基础上打造量身定制、内容先进、全人取向、形式新颖的学校特色课程种群，使之成为学校的招牌课程、特有课程，成为学校存在的个性化标识。

（四）加快学校管理理念更新换代

学校管理理应成为一个收集创意、评判创意、开展决策的组织行为，是集成办学新理念、筹划理念落地方案、解决理念落地难题的关键链环。学校管理活动一定是“理念创造—探索实施—方案更新”的过程，整个过程具有尝试性、研究性、全民性与平权性，每一个学校人都可能成为学校发展智慧的贡献者与原创者。因之，在未来教育视野下，学校管理方式必须从根本上实现“管理团队意志主宰”向“全民管理智慧整合”的换代升级，必须实现“领导者管理”向“创新团队管理”的换代升级，以此全面释放所有学校人的创造力与想象力。

（作者简介：龙宝新，陕西洋县人，博士，陕西师范大学教育学部教授，博士生导师，陕西省教师教育协同创新中心副主任，主要研究方向为教育基本理论、教师教育。）

学校品牌培育视野中的学校德育创新探讨

□刘长海

学校品牌的形成，是学校创新性发展的重要成果，是学校办学实践得到公众认可的标志。如果将学校品牌看作彰显学校个性的名片，那么让名片闪闪发光的，就是兼具优质学校共性和本校特性的课程、教学、德育、管理、教师队伍及校园风貌。

从学校品牌培育视野来看，学校德育创新是学校品牌提炼、培育与发展的重要组成部分，学校要以学校发展诊断为依托做好学校德育创新规划，通过日积月累的坚定行动落实学校德育创新规划，打造由学校管理者、师生及相关各方紧密协同形成的育人共同体，让学校德育特色彰显与学校品牌培育相辅相成。

以学校发展诊断为依托做好学校德育创新规划

学校发展诊断是培育学校品牌、做好学校发展规划的必要环节。一般而言，学校管理者及指导专家应该加强校本调研，通过校园观察、课堂观察、听取汇报、查阅资料、开展问卷调查和访谈调查等形式摸清家底，重点分析当前学校有哪些优点、不足、机遇与挑战（SWOT），探明本校在办学传统、师资结构、教学效果、德育特色等方面的资源，了解教师、家长、地方政府对本校发展的期望和定位，在此基础上提出合乎本校实际的办学理念，为学校品质提升及学校德育质量提升等各项工作指明方向。

学校德育诊断要注重收集和分析以下三个方面的信息。一是学校德育发展现状，主要包括学生品德发展状况和学校德育工作开展情况，尤其是分析后者，细致判断在这所学校中课程育人、文化育人、活动育人、实践育人、管理育人、协同育人的实际运作状况；二是学校德育发展资源，主要包括学校和社

□ 学校德育创新是学校品牌提炼、培育与发展的重要组成部分　　（陈艺娴　摄）

区历史中有没有值得挖掘和利用的中华优秀文化资源、革命文化资源和社会主义先进文化资源，教师队伍、家长群体和社区人士中有没有堪称表率的道德榜样、行业领袖等；三是学校德育发展期望，主要分析学校管理者、教师、学生、家长、社区人士乃至教育行政部门对这所学校的德育工作有何期望，在凝练未来前进方向时应予以重点考虑。

以扎实调研为基础，学校德育创新规划一方面要努力提出贴合本校实际的德育理念，将体现学校个性的德育理念作为指引具体德育实践的旗帜；另一方面，更为重要的是，提出创造性推进课程育人、文化育人、活动育人、实践育人、管理育人、协同育人的具体方案，将德育创新的重心放到实践优化上。

通过日积月累的坚定行动落实学校德育创新规划

“质胜文则野，文胜质则史”，学校品牌创建、学校德育特色打造中需要着重克服重理念提炼轻实践落实、重符号包装轻实质改进的坏毛病。真正能够让人民满意的学校品牌创建和学校德育特色打造必须抱定宗旨，坚定信念，紧扣立德树人根本任务开展有效实践。

抱定宗旨要求校长、教师以及教育行政管理人员告别“小我”立场，确立

□学校品牌创建、学校德育特色打造是头绪众多的系统工程　（刘可茹　摄）

“大我”视界，慎重思考“我们应该为学生提供怎样的教育”；不满足于偶尔开展一两次“博眼球”的德育活动，转而发自肺腑地关爱每一位学生，努力为学生提供更适宜、更优质的教导、支持和服务。

坚定信念要求校长、教师以及教师行政管理人员依据学生、学校和本人实际确定成功标准，运用“分步走”思维规划学生引导和学校改进的短期、中期、长期计划。学校德育创新必须有向德育惯习宣战的勇气，确立“五育并举”、更新国民性、突出培养创造性和个性等发展目标；同时，又必须脚踏实地，将宏大愿景转化为跳一跳就可以达到的小步子目标，将创新目标转化为日复一日的教育行动。

有效实践要求校长和教师告别因循守旧的工作习惯，着眼于提升育人质量，采用新方法，养成新习惯，形成新气象。返观优秀教师和成功学校的经验，有效实践的支柱有三个：勤奋、科学、执着。“世上无难事，只要肯登攀”，教师的工作与园丁相似，教师对学生学业、品行的投入与学生成长在很大程度上是成正比的，所以，教师不要指望“一招致胜”的“绝招”，而应落实日复一日的辛勤耕耘，在日复一日的智慧型劳作中静待花开。

让育人共同体成为学校品牌创建和学校德育创新的动力之源

学校品牌创建、学校德育特色打造是头绪众多的系统工程，要求全员投入，然而，在很多学校中，由于民主管理落实程度不高等原因，这两项工作成为学校管理者关心的课题，广大教师、家长及学生的积极性和参与度有待提高。在这样的学校，明晰相关主体的职责与分工，构建育人共同体势在必行。

校长要在学校品牌创建和学校德育创新中发挥关键作用。校长要正视带领学校奋发图强、促进学生全面发展的神圣使命，善用党组织领导的校长负责制赋予校长的治校权利，在学校品牌创建中扮演好设计者、引领者和示范者角色。

设计者角色要求校长认真思考创办怎样的学校、提供怎样的教育、培养怎样的学生、建设怎样的教师队伍等问题，清晰阐明自己的教育愿景和学校治理立场，开发系统创建学校品牌的工作计划；引领者角色要求校长在管好事务性工作的同时重视价值观的领导，引导学校领导班子、教师员工、学生及家长形成积极、健康的价值观念和思维方式；示范者角色要求校长重视“上行下效”效应，以身作则地率先遵行正确的价值观念和思维方式，争取广大师生对学校品牌创建和学校德育创新的信任和投入。

□学校品牌创建、学校德育特色打造中需要着重克服重理念提炼轻实践落实、重符号包装轻实质改进的坏毛病 （宋紫璇 摄）

教师、学生、家长、社会成员既是学校品牌创建和学校德育创新的受益者，也应该成为上述工作的主人翁和参与者。

广大教师要增强作为人民教师的荣誉感和作为薄弱学校教师的危机感，以勤勉认真的方式对待教育教学工作，在班级管理和课堂教学中培育进取、合作、欣赏、包容的良好氛围。

学生要主动规划学业和人生，认真思考“我希望过一种怎样的人生”“我希望拥有怎样的中小学生活”等问题，勇于挑战自我，告别昨日偷懒任性等小毛病，养成面向未来的勤奋自律、关注公共事务等良好品质。

家长要积极支持学校开展改革创新实践，向子女传递期望、欣赏和鼓励，和教师一起努力，支持子女踔厉奋发，成长为更好的自己。学校还要创造性地吸引当地企事业单位、社区知名人士、优秀校友等走进校园，走进班级，为学生树立身边的榜样，壮大学校育人共同体。

（作者简介：刘长海，华中科技大学教育科学研究院教授，博士生导师。）

发挥学校品牌效应的关键在于学校文化

□闫德明

学校品牌是一所学校在长期的教育实践过程中逐步形成的，具有特定文化底蕴和识别符号的，并为公众广泛认可的一种独特的无形资产。学校品牌是公众对学校的一种印象和评价，其实质是一种“文化认同”。因为，文化是品牌的灵魂，品牌是文化的载体。文化与品牌是灵与肉的结合。学校文化丰富了学校品牌的内涵，学校品牌展现了学校文化的魅力。学校的“牌子”要想得到公众的认可，就必须有“文化品味”。所以，创建学校品牌，发挥品牌效应，形成品牌辐射机制，必须在提升学校文化品味上做文章。

学校文化是一所学校在长期的教育实践过程中逐步积淀和传承下来的价值观念体系、行为规范准则和物化环境风貌的一种整合和结晶。人们通常将其分类为精神文化、制度文化和物质文化。学校品牌的文化品味也是从这三个方面得以承载和表达的。

从精神文化看学校品牌效应

学校作为一个社会组织，不同于工厂、医院、商场、政府等其他任何一个组织，它从事的是一种“通过人培养人”的活动。这种“精神生产”不能按照设定的程序去生产相同规格的部件，而只能在特定的文化氛围中熏陶逐渐“养成”。

学校品牌的影响力不是依靠行政部门“统一认定”形成的，而是通过文化慢慢渗透的。其“辐射机制”无法硬性规定，而是通过“良好口碑”悄然抵达公众心中的。印度诗人泰戈尔说得好：不是锤的打击，而是水的载歌载舞，才使鹅卵石臻至完美。人是文化的人，文化总是在以一种“润物细无声”方式影响着人的成长。

東莞中學

DONGGUAN HIGH SCHOOL

□东莞中学校徽

学校精神文化主要是指学校的理想信念和价值追求，其表现形式是多种多样的：有的表现为系统的办学理念，而有的则通过校训、校风、校歌来体现。例如，伟大的人民教育家陶行知先生学成归来后，脱下皮鞋，穿上草鞋，到乡村去实践他的“生活教育”，倡导“千教万教教人求真，千学万学学做真人”，形成了独特的学校精神文化，影响了一代又一代的后来者。又如，东莞市莞城中心小学是一所有百年历史的学校。学校重视传承，锐意创新，在专家指导和广泛调研的基础上，组织老师、家长深入交流，提出了以“悦纳至正”为关键词的办学理念。

这一理念的“文化气质”既有传承又有创新，既立足本土又面向世界，因而获得了广泛认同。学校在办学实践中不断地丰富和发展这个核心理念，其品牌影响力通过文化输出、人才输出和管理输出，有效地辐射到了其他学校。所以，“学校品牌建设的核心在于形成一种精神文化……教育品牌管理不是一般意义上的管理，它是理念、价值观、特别是教育价值观的管理，是道德管理。”

从行为文化看学校品牌效应

学校品牌的精神文化不能只是一面辉煌的旗帜，或几句响亮的口号，它应该充分渗透到学校各个部门的工作乃至每个师生员工的行为中去，成为大家自觉遵守的行为准则。行为的产生，一是源于理念，它解释了行为的缘由；二是源于制度，它规定了行为的内容。学校品牌的行为文化，从静态看，它包含各类规章制度，如学校章程、机构设置、岗位说明、工作规程和评价设计等；从动态看，它包含学校对内对外的各种活动，有管理类的、教学类的、德育类的等，内外结合，纲举目张。具体到一所学校，其行为文化的设计和培育，其表现形式是多种多样的，其具体规定是各具特色的。

发挥学校品牌的影响力和辐射作用，其行为文化是极为重要的。在东莞120所品牌学校中，有48所为集团化办学“龙头学校”。这些“龙头学校”派出管理干部和骨干老师，通过跟岗学习、集体备课和同课异构等“贴身服务”的形式，与成员学校的领导和老师一起共谋发展。“龙头学校”把精神文化和行为文化带到成员学校，渗透了新的文化，改变了人的行为，指导了他人也提高了自己。学校品牌是“人”的品牌，“人”是学校品牌的载体。学校品牌形象是通过学校中每一个人的言行举止来体现的。每一个人都在自己的岗位上定义着学校品牌形象。组织原本就是一种个体性存在，组织的真实是基于个体的真实。“人们并非存在于组织之中，而是组织存在于个体中并通过个体而存在”。学校品牌的“文化品味”依赖于每一个人的“文化品味”。学校精神文化所倡导的理想信念和价值追求，要通过一定的制度规范和活动形式，才能逐步内化到师生员工的言行之中。

□莞城中心小学开学敲钟仪式　　（孙俊杰　摄）

从物质文化看学校品牌效应

学校物质文化是学校精神文化的静态传达，也是学校制度文化的必要补充，它包括二维平面视觉系统和三维空间视觉系统两个部分。

学校二维平面视觉系统包括学校标志、标准字、标准色以及在办公、环境、交通、通信、宣传、服饰、礼品等方面的具体展开和应用。以学校标志为例，它是高度概括和凝练学校文化内涵的一个象征性视觉符号，对传达学校品牌形象有特别重要的作用。如：东莞中学的校徽采用圆形设计，学校标准字“东莞中学”由国学大师、《金文编》作者、杰出校友容庚在学校77周年校庆时所题，字体端正朴实，外呈柔静之美，内具阳刚之气。又如，东莞市长安中心小学的校徽是老师和孩子们一起设计的：一个跳舞的孩子挥舞着彩带，飘舞的彩带既是一朵盛开的莲花，又像一棵茁壮成长的小树。灵动的校徽既表现了学校“艺慧教育”的内涵，又暗喻了学校所在地域的特征元素——莲花山。

学校三维空间视觉识别系统包括学校建筑、自然生态环境、人工景观等三个方面。建筑是凝固的音乐、抽象的雕塑、具象的诗歌。学校建筑，不管是一个建筑单体还是整个建筑群落，它绝不仅仅只是容纳师生教与学的物理空间，而更应该是蕴涵学校历史，表达教育理念的文化载体。自然生态环境，是营建

□东莞学校建设越发注重空间与教育的深度融合，通过空间语言充分彰显办学品牌（东莞中学供图）

学校视觉形象的天然条件，若巧妙地利用，可确立他人无法模拟的学校形象的个性特质。学校的人工景观，不管是大的环境营造，还是小的园林小品，亦或是一些必需的文化设施，都要依据学校的办学理念与特色来谋篇布局，精心设计。如：东莞市石碣实验小学在2006年建校之初确立了“蒙以养正”的校训。学校每栋建筑上都有一个“正”字。正行榜前，“正”的榜样在默默传承“立正志，行正义，守正则，扬正气”的学校精神；时正柱旁，二十四节气轻轻说明“在正确的时间做正确的事情”“教育顺势而为定可大有作为”的道理；学正池上，全方位立体的“八正图”静悄悄地诠释“走正道，做真人”的办学理念……一品一景扬正气，一草一木皆有情，一座教师眷恋、学生向往的“美正家园”已然形成。

学校品牌是具有深厚文化底蕴的品牌，而文化是难以速成的。教育需要“沉淀”，学校品牌需要假以时日才能得到证明。世界上任何一所名校的炼成，都是经过了一段漫长的岁月。学校的优良传统和校风校纪必须经过长时间的磨砺才能够形成，就像陈年佳酿，要够年头才能芬芳四溢。要发挥品牌效应，形成品牌影响力，学校文化是最关键的因素。

（作者简介：闫德明，广东第二师范学院教授，全国教育管理学科专业委员会副理事长。）

特色课程建设：品牌学校的必经之路

□黄志红

特色课程是学校在严格落实国家课程方案和课程标准上，基于学校办学理念和特色，结合学校办学实际科学构建而成。学校特色课程是“国家、地方、校本”三级课程体系中的重要组成部分，是“立德树人”教育根本任务落地和转化的具体要求，是学校办出特色、办出水平的重要保障，是品牌学校高品质办学、高质量发展的试金石。

纵观东莞学校的品牌建设之路，无一例外都是根据师生的共同愿望，以符合自身生活环境与文化特色为课程开发的切入点。在这个过程中，学校精准把握发展历史，精心梳理发展现状，厘清办学理念，确立办学品牌，并以特色课程建设为载体，用品牌萃取课程，以课程夯实品牌，促进学校品质办学、品牌发展。

回顾东莞品牌学校建设，可发现特色课程之“特”具有以下三个表征。

特需，以生为本、回归学生。特色课程强调课程要真正符合学生发展的“需要”，最终实现独特的育人价值取向。特色课程植根学生真实的生活、熟悉的场景，学生和教师一起共同设计开发课程内容、合作完成课程任务，课程不再是静止固化、间接的书本知识，而是动态生成、直接的生活世界，学生不再游离于课程之外，成为课程的真正主体。

特有，与众不同、人无我有。每个学校都有其独特的办学理念，独一无二的教师和学生。学校在实施好国家课程和地方课程的前提下，逐渐形成适合本校发展实际、具有学校自身特点、凸显学校特色办学理念的特色课程。特色课程是学校品牌建设的必经之路，同时，特色课程更是学校教育走向品牌的重要体现及保障。

特质，品质卓越、人有我优。特色课程体现了一所学校区别于其他学校的不同风格、不同气质的精神面貌，其最重要的体现在出色的育人成效上。正是有了课程品质的优越性，特色课程才会得到公众的认可，才会显示出强大的生命力。真正的特色课程以优质的育人质量和卓越的育人成效为建设标准。

以上述“三特”之特色课程来概览东莞的品牌学校建设，我们会发现尽管每一所学校的办学时间、成长环境都不尽相同，但基于学校文化的多元性和独特性，特色校本课程的开发和实施显得形态各异，精彩纷呈。学校在品牌化发展的实践探索中，聚焦学校特色品牌，挖掘当地课程资源，并借助学校自身文化优势或特有师资力量开发校本特色课程。他们积极结合自身定位、师资力量、条件资源，紧密结合本土文化，深入挖掘悠久的人文历史，并基于校情、师情、生情，全面分析学校的历史和优势，充分利用自身特有资源开发特色课程。

如松山湖中心小学的“生态教育”理念下的“全人课程”、莞城中心小学的“悦纳教育”下的“榕树课程”，长安镇中心小学“艺慧教育特色课程”，大朗镇实验小学以“德润、智睿、体健、美奂、行远”五维为基建设的“幸福课程”，目标明确、内容丰富、品牌彰显、效果显著，为学生提供了多样化的学习选择，为学生全面而有个性地发展奠定了坚实基础。

通过参与学校特色课程建设，教师也不再仅仅是国家课程的执行者，而成为课程的制定者和开发者，教师把自我、学生与课程设计融为一体，选择与师生生命体验相关联、感兴趣的内容作为课程开发主题，提高了职业价值的内涵、尊严、幸福感，重获了“刚成为老师那些年的那团火焰”，专业发展的活力被极大激发，中年教师宝刀未老，年轻教师才俊辈出，涌现出一批像彭才华、曾娟林等优秀教师。

而校长作为品牌学校建设第一人、作为学校的课程领导，更是身体力行，形塑学校办学品牌、厘定学校课程哲学、规划学校整体课程、健全课程开发组织、调控课程实施过程、组成教师协作团队、促进师生共同发展。在品牌学校建设和特色课程建设过程中，校长们理念导航、文化传承、目标引领、统筹规划，以品牌学校创建来推动学校高质量发展，以特色课程建设来夯实学校品牌，课程领导力得以极大提升，成就不少的名校长、教育家型校长。他们如星璀璨，点亮东莞教育的天空。

当然，复盘目前东莞品牌学校创建和特色课程建设的实践，我们会发现学校对其内涵的理解还有提升空间，品牌影响力的塑造是一个持续过程。参与品牌培育的学校需要长期思考两个问题：一是如何规避为特色而特色、为品牌而特色。按照教育的规律，品牌学校建设和特色课程发展本身不是外表的包装，特色课程开发不能停留在书面上、方案里，品牌的特征和内涵深处最终是指向课堂和师生教与学的生动互动，特色课程应融入具体、鲜活的课程实践。二是如何避免将特色课程窄化为学科拓展课程、选修课程、专项活动或特色项目，造成特色课程的知识取向与能力取向之间的价值冲突，倘若将专项活动或特色项目作为特色课程，容易导致特色课程的整体性与综合性欠缺。

另外，特色课程建设客观上存在课程开发必然带来学校课程数量不断丰富与学生学习时间相对有限的矛盾，如何在“开齐开足规定课程和规定课时”统一要求下，以国家课程为根、扎根中国大地、突显乡土特色、尊重学校实际、培育时代新人，实现国家课程、地方课程、校本课程在学校层面形成一个有机的学校课程整体，实现课程的整体育人、协同育人、综合育人功能，成为学校课程建设必须回答的问题。在此提出两点建议供参考。

首先，学校应结合新时代的课程方案和育人要求，制订适合自身的课程整体规划方案，处理好国家课程、地方课程和校本课程之间的关系，做好校本课程与国家课程、地方课程的衔接，同时对学校现有课程加以整合，通过转化、生成，使分化的知识形成有机体系，不同课程之间良性互动，充满活力。避免过多关注校本课程开发的数量与类型，甚至出现由于课程设计过多而内容之间重复、交叉的现象。就是说，要从实际出发，系统地对学校课程作整体规划设计，在学校层面构建协调有序的课程系统。

其次，加强特色课程的地方建设和制度设计。从区域层面看，强化教科研机构专业的参与和支持十分必要。广大中小学教师普遍认为特色课程建设最大的困难是“缺乏专业指导”。课程建设迫切需要专业人士特别是教科研人员参与和支持，并同校长、教师一道形成课程建设共同体；另外急需进行特色课程开发审定、报备、评估、资源共建共享等制度建设，加强地方对学校层面课程开发的统筹和管理。

（作者简介：黄志红，博士，研究员，广东省教育研究院基础教育研究室副主任。）

教育品牌的力量

□郭其俊

在现代社会，人们越来越相信品牌的力量。

品牌是一种识别标志、一种价值理念、一种精神象征，是品质优异的核心体现。对于企业而言，它代表着企业的质量、服务和信誉，是一种极其难得的无形资产；对于教育而言，它象征着教育的品质、品位和形象，是教育发展过程中逐步积累的办学特色和社会认同。

为了让每一所学校都优质，每一位教师都精彩，每一个孩子都幸福，东莞教育聚焦“学有优教”发展目标，以打造“品质教育”为发展战略，以扩容提质为发展主题，以集团化办学为发展策略，发挥优质品牌学校的辐射带动作用，快速扩大优质教育资源供给，全面优化了教育环境，促进全市基础教育高质量发展，使区域教育从基本均衡迈向优质均衡，很好地回答了“培养什么人、怎样培养人和为谁培养人”的教育的根本问题，为中国基础教育研究贡献了品牌的力量。

品牌赋能学生成长

教育品牌象征着教育的品质和形象，是社会认同、家长认可、孩子向往、教师幸福的教育的体现，价值取向是“不忘立德树人初心, 牢记为党育人、为国育才使命”，落脚点是学生的成长。

东莞市通过构建高品位办学，激活高质量发展，不断梳理升级学校办学理念、办学愿景、办学特色和办学文化，构建学校课程和评价体系，使得学校迈向了发展新时代、新阶段和新高度。

学校品牌力量，能促进学校坚持育人为本，面向全体学生，推进“五育并举”，发展素质教育，激发办学活力，不断提高办学水平和育人质量，促进学生德智体美劳全面发展，培养适应终身发展和社会发展需要的正确价值观、必备品格和关键能力。

学校品牌力量，促使学校教育尊重生命规律，张扬生命个性，激发生命潜能，成就生命价值，创造适合于学生认知规律、成长规律、发展规律的教育。

同时，学校品牌形象也是一面大旗，可以振校威、壮志气，提升学生的自信心，增强学生的凝聚力和向心力，能在潜移默化中熏陶感染学生，使其行为得到规范，心灵得到净化，素质得到提升，各方面都得到发展。

品牌助力教师发展

“农业时代竞争土地，工业时代竞争机器，信息时代竞争品牌。”教育品牌是一种无形的但却能产生倾向性、导向性、榜样性作用的力量，它是逐渐积淀而成的一笔可以传播辐射的宝贵财富。

教师是学校的核心竞争力，学校一旦从品牌塑造开始崛起，就能够助力老师全面发展，扩大学校影响力，促进学校在良性循环的状态中不断优化。

继东莞品牌学校培育工程之后，2021年东莞启动“品质课堂”行动计划，

□东莞市第一批品牌学校常平振兴中学，学生在课堂上做化学实验　　（孙俊杰　摄）

提出以“高效课堂”和“莞式慕课”教学改革成果为基础，紧紧围绕立德树人根本任务，坚持有教无类、素质教育、因材施教的教育理念，以让每一个学生接受有品质的教育为价值追求，深入推进“品质课堂”，通过课堂变革带动教学品质提升，促进教师的专业发展。

在这一过程中，东莞不断引导老师们认识到：“好学”比“学好”更重要。“学好”是学习中被动的接受，而“好学”则是学习中主动的探索；“学好”是今天学习的一个结果，而“好学”则是今后学习的一种习惯；“学好”只是对学习已有知识的一种度量，而“好学”则是对学习未来知识的一种态度；“学好”是为了掌握知识，而“好学”是为了探索问题；“学好”得到的是答案，而“好学”追求的是真理。

“好学”比“学好”更重要，东莞老师还强调“好奇”“好问”“好思”，培养了学生“好学”能力，也提升了教师自身“好学”能力，促进了教师的自我发展。

品牌培育卓越人才

社会越发展、越成熟，品牌的效应就越明显。校园建筑、教学设施等学校“硬件”的复制并非难事，而由独到的办学思想、办学特色、办学文化等“软件”积淀而成的办学品牌，才是一所学校持续发展、立于不败之地的宝贵财富和永恒动力。

东莞品牌学校在培育卓越人才的过程中，“把立德树人作为教育的根本任务，培养德智体美全面发展的社会主义建设者和接班人”。

一是从“育分”回归“育人”。转变育人方式、发展素质教育，高擎立德树人大旗，从传统的应试模式转向全面育人的素质模式，把立德树人作为教育教学工作核心，突出德育时代性，在健全人格、滋养性格、完善品格上下功夫；对学生人生观和价值观给予正确引领、落实立德树人根本任务，推进育人方式改革。

二是从“要我学”转向“我要学”。深化课堂教学改革，对标新时代人才培养目标，有效发挥课堂教学的整体育人功能，把育人为先、德育为主、能力为重，核心素养全面发展的育人理念，落实到课堂上。

三是从“把水灌满”到“把火点燃”。教师履行发展学生核心素养和学科核心素养的教育职责时，因事而化，转变育人理念；因时而进，调整教学重心；因势而新，改进教学方式。以立德树人为标杆，秉持以人为本的教育理念，对标新时代人才培养目标开发学生潜能，激发学生学习兴趣，培养学生创新灵感。

品牌引领“双减”落地

当今最受关注的教育政策非“双减”莫属，“双减”工作是进一步深入贯彻党的十九大精神和全面落实全国教育大会精神的又一个重大战略部署，既是确保义务教育由“基本均衡”转为“优质均衡”发展后，构建新时代高质量教育体系，彰显具有中国特色、世界水平的基础教育的重大举措，也是深入实施、全面发展素质教育的重要抓手和有力保障。

减负增效，减负提质，根本之策在于全面提高学校教学的质量，守住学校作为教育主阵地的底线，这与东莞在打造品质教育过程中长期坚持的“品牌+”理念不谋而合。

东莞优质教育品牌学校建设引领“双减”工作落地，扛起“双减”工作的重任。一是提高备课实效，系统设计作业；二是实施课堂创新，减轻课后负担；三是提升作业质量，减量而不降质；四是实施多元评价，促进全面发展；

□东莞优质教育品牌学校建设引领“双减”工作落地，扛起“双减”工作的重任。图为长安镇第一小学 （陈昱璇　摄）

五是参与课后服务，提升教学质量；六是实施家校共育，解除家长顾虑。总之，在“双减”政策下，东莞优质教育品牌学校承接社会的期许，跟时代共振，与“双减”同行，弱化以“分数”为评价标准的要求，将对学生的评价体系切换到“多元评价”模式，关注学生的个性化需求，分层分类地帮助学生固优补短，加强家校沟通，让家校共育更高效。

教育品牌是学校个性化的表现，学校一旦形成了自己的办学品牌，具有了品牌的价值和功能，将有利于满足人民群众对优质教育资源的需求，让每一个学生在更加优质的教育中得以全面成长，进而使学校的办学品牌成为学校发展鲜活的生命力。

为此，东莞教育一直在追求、在探索……相信东莞教育品牌的力量！

（作者简介：郭其俊，知名教育专家，著名特级教师，首批正高级教师，中国教育学会初中教育专业委员会副理事长，深圳市福田区教育科学研究院及附属学校党委书记、深圳市教育科学研究院院长。）

第四部分 品牌聚焦

国家级媒体对东莞教育品牌培育与品质建设的报道目录

媒体	标题	时间
中国教育报	助力品牌学校建设及课程创新——“创新驱动教育高质量发展·2019公益行动”走进东莞	2019年5月15日
	东莞打响中小学扩容提质攻坚战	2020年9月2日
人民日报	东莞试点普通学校开设特教班	2021年11月3日
人民日报客户端	东莞目标——广东省基础教育高质量发展“新名片”	2021年9月11日
新华网	东莞推进品质教育建设　确保5年后实现“五个翻一番”	2021年1月16日
中国网	打造特色优质教育　东莞市再增30所品牌学校	2020年11月24日
央广网	2021年投入超130亿元　东莞全力推进品质教育建设	2021年1月14日

省级媒体对东莞教育品牌培育与品质建设的报道目录

媒体	标题	时间
南方日报	品牌学校让优质教育覆盖东莞每个角落	2018年11月8日 东莞观察A03版
	东莞力争到明年底培育100所品牌学校 扩充优质教育资源，30所学校成首批培育对象	2019年3月5日
	东莞以品质教育助力城市升级	2020年9月1日
南方+	视频＋动图 | 造星or沉淀，东莞品牌学校培育进入深度思考区	2019年4月27日
	教育观察 | 品牌的力量是什么？	2019年11月10日
	300万点击聚焦东莞品质教育内涵，首批品牌培育学校直播今日收官	2019年12月20日
	共同见证东莞第二批品牌学校及第三批品牌学校培育对象发布！	2020年11月20日
	视频 | 遴选基地、研制标准，四大关键词看东莞“品质课堂”建设	2021年3月23日
南方网	东莞2025年前建成20所市级特色优质普高	2021年10月25日
广东电视台	东莞：推动集团化办学　优质学位不再“一位难求”	2022年7月26日
羊城晚报	品质教育十二项行动计划出炉	2021年5月13日
南方都市报	品牌学校以强带弱　未来教育提质增量	2019年3月29日
	东莞市教育局：奋力打造品质教育　办好家门口的每一所学校	2021年3月31日

市级媒体对东莞教育品牌培育与品质建设的报道目录

媒体	标题	时间
广州日报	东莞深入推进课堂变革打造“品质课堂”课堂“活”起来　学得更主动	2021年4月8日
	东莞品牌学校培育不断探索　推动教育扩容提质　课堂丰富了　内涵提升了	2021年9月10日
东莞+	学生家长看过来！东莞发布首批30所品牌学校	2019年12月26日
东莞日报	目前全市共有120所品牌学校及品牌学校培育对象　品牌学校促进东莞教育内涵发展	2020年12月1日
	好学校就在家门口　以东莞中学初中部古梅一中为样本，集团化办学三年回顾	2021年12月14日
	12项重点教育工作助力深化基础教育综合改革　聚焦学有优教　跑出教育加速度	2022年2月22日
东莞电视台	走进莞邑品牌学校　探索学校发展路径——东莞慧教育·名师论坛	2020年11月19日
东莞阳光网	东莞六十余名校长齐聚一堂，交流“品牌学校建设”经验	2021年1月7日
知东莞	打造“品质教育”，加快建设教育现代化强市！东莞教育“十四五”规划发布	2022年1月2日
媒体综合	组建70个集团！东莞市第二轮集团化办学启动仪式举行（附名单）	2022年8月

一、国家级媒体

助力品牌学校建设及课程创新

——“创新驱动教育高质量发展·2019公益行动”走进东莞

记者：杜悦　2019年5月15日刊载于《中国教育报》第9版

课程周刊

09

“三合”激活道德与法治课堂

伯牙为何绝弦

助力品牌学校建设及课程创新

报道概述：

2019年，北京师范大学中国教育创新研究院主办的“创新驱动教育高质量发展·2019公益行动”在广东东莞举办。《中国教育报》对活动进行了专题报道，聚焦品牌学校建设及课程创新。

莞城中心小学、步步高小学、东莞中学（初中部）、东华初级中学、东莞一中、东莞中学松山湖学校等30所学校，作为当地遴选的优秀学校进行了成果展示。北师大中国教育创新研究院院长刘坚牵头的十余位专家分为两组，分别与14所中学及16所小学的相关负责人进行了面对面的研讨交流。

各学校负责人围绕学校品牌建设主题，介绍了学校的教育与管理理念、课程体系与德育建设以及社会影响等，专家通过追问启发、举例引导等方式给予有针对性的指导。他们鼓励各学校在落实好国家课程的基础上，找到自己学校独有的优势，做好校本化课程建设。

破解土地、资金难题，计划千日新增33.99万个公办中小学学位

东莞打响中小学扩容提质攻坚战

记者：刘盾　2020年9月2日刊载于《中国教育报》第3版

新闻·要闻03

破解土地、资金难题，计划千日新增33.99万个公办中小学学位——

东莞打响中小学扩容提质攻坚战

国家教育行政学院举行2020年秋季开学典礼

云南表彰奖励499名乡村老教师

特殊开学季 多彩新学期

推动更深层次改革实行更高水平开放 为构建新发展格局提供强大动力

报道概述：

近年来，东莞强化政府主体责任，想方设法破解土地、资金等难题，促进公办中小学学位扩容提质。2020年，东莞市政府将增加公办学位和校内课后服务供给列入十件民生实事。同年2月，快马加鞭印发《东莞市关于加快公办中小学建设的实施意见》，吹响教育扩容提质千日攻坚行动的号角。该市准备再新改扩建227所公办中小学，增加33.99万个学位。

东莞多个相关职能部门出硬招破解教育用地“老大难”，例如东莞市教育局、自然资源局联合出台《东莞市基础教育设施专项规划编制指引》，填补东莞市基础教育专项规划空白；建立学位供给通报、公示制度，根据学位供给情况实行房地产项目分类审批等。

为努力实现开门就是好学校的目标，东莞借大规模新扩建学校的契机，打出集团化办学、品牌学校培育、未来学校建设等改革组合拳，力争扩容、提质齐头并进。

东莞试点普通学校开设特教班

记者：贺林平　2021年11月3日刊载于《人民日报》第12版

报道概述：

综合 12

人民日报

为新技术应用加把安全锁

我在村里当画师

2021中国文化计算大会举办

东莞试点普通学校开设特教班

守住科技伦理的底线

在日前举行的广东省东莞市特殊教育指导中心授牌仪式上，记者获悉：东莞力争到2023年，实现全市每个镇街至少有一所公办中小学开设特教班；到2025年形成覆盖全市的特教班制度。

2022年秋季学期，东莞市教育局开启了特殊教育班试点工作，选取南城阳光第六小学、石排中学、茶山镇中心小学3所普通学校作为首批试点，主要招收智力障碍、自闭症、注意力缺陷多动障碍等类型的特殊学生，开设生活语文、生活数学、生活适应、团体社交、注意力训练和劳动技能等课程。针对多种障碍类型，学校还制作了校本微课集，供全校教师科普使用。

与此同时，教师定期开展融合宣导课，让普通学生在课程中走进特殊学生的世界，了解特殊学生的日常行为举动，学习如何更好与特殊学生相处。

东莞目标——广东省基础教育高质量发展“新名片”

记者：贺林平　2021年9月11日刊载于《人民日报》客户端广东频道

人民日报　有品质的新闻　打开

东莞、目标——广东省基础教育高质量发展“新名片”

人民日报客户端广东频道　贺林平　2021-09-11 08:44
浏览量10.2万

在第37个教师节来临之际，广东东莞全市教育大会作出重磅部署——会上出台的东莞深化基础教育领域综合改革等系列文件（以下称《系列文件》）提出，到2025年，将东莞打造成广东省基础教育高质量发展新名片，为东莞在万亿GDP、千万人口新起点上加快高质量发展贡献教育力量。

大会为荣获“南粤优秀教师”“南粤优秀教育工作者”代表、2021年东莞市“最美教师”代表、东莞市光荣从教40年老教师代表颁奖。

报道概述：

2021年，东莞深化基础教育领域综合改革等系列文件正式印发，《系列文件》按照东莞市委、市政府“十四五”时期的规划部署和战略安排，紧紧抓住当前教育主要矛盾，突出问题导向和目标导向，将加强党的建设贯穿始终，以综合改革为主线，以教育评价改革为牵引，以教师队伍建设为重点，对全市“十四五”时期教育改革发展作出系统谋划和安排。

《系列文件》包括《东莞市深化基础教育领域综合改革推动教育高质量发展的实施意见》《东莞市深化新时代教育评价改革任务分工方案》《东莞市基础教育教师队伍建设改革系列文件》三部分。其中提出，到2025年，将东莞打造成广东省基础教育高质量发展新名片，为东莞在万亿GDP、千万人口新起点上加快高质量发展贡献教育力量。

东莞推进品质教育建设　确保5年后实现“五个翻一番”

2021年1月16日刊载于新华网

报道概述：

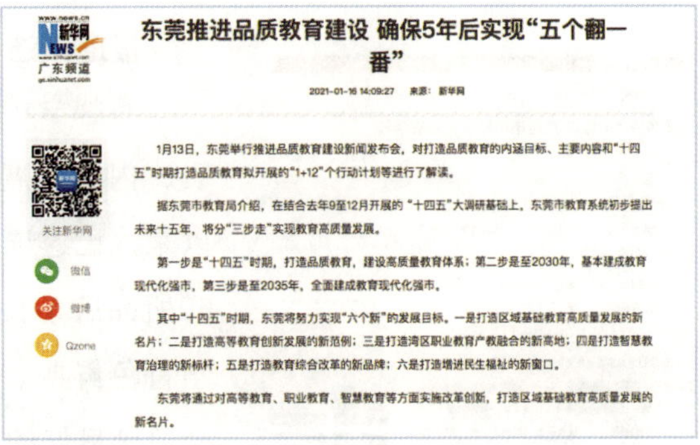

新华网 NEWS
广东频道

东莞推进品质教育建设 确保5年后实现“五个翻一番”

2021-01-16 14:09:27　来源：新华网

1月13日，东莞举行推进品质教育建设新闻发布会，对打造品质教育的内涵目标、主要内容和“十四五”时期打造品质教育拟开展的“1+12”个行动计划等进行了解读。

据东莞市教育局介绍，在结合去年9至12月开展的“十四五”大调研基础上，东莞市教育系统初步提出未来十五年，将分“三步走”实现教育高质量发展。

第一步是“十四五”时期，打造品质教育，建设高质量教育体系；第二步是至2030年，基本建成教育现代化强市，第三步是至2035年，全面建成教育现代化强市。

其中“十四五”时期，东莞将努力实现“六个新”的发展目标。一是打造区域基础教育高质量发展的新名片；二是打造高等教育创新发展的新范例；三是打造湾区职业教育产教融合的新高地；四是打造智慧教育治理的新标杆；五是打造教育综合改革的新品牌；六是打造增进民生福祉的新窗口。

东莞将通过对高等教育、职业教育、智慧教育等方面实施改革创新，打造区域基础教育高质量发展的新名片。

关注新华网
微信
微博
Qzone

2021年1月13日，东莞举行推进品质教育建设新闻发布会，对打造品质教育的内涵目标、主要内容和“十四五”时期打造品质教育拟开展的“1+12”个行动计划等进行了解读。

据东莞市教育局介绍，在结合2020年9至12月开展的“十四五”大调研基础上，东莞市教育系统初步提出未来十五年，将分“三步走”实现教育高质量发展：第一步是“十四五”时期，打造品质教育，建设高质量教育体系；第二步是至2030年，基本建成教育现代化强市，第三步是至2035年，全面建成教育现代化强市。

在东莞市召开的推进品质教育建设大会上，明确将“打造品质教育”作为加快推进教育现代化的核心战略，通过在“十四五”时期确保实现“五个翻一番”，来全面提升东莞教育事业整体发展水平。

“五个翻一番”分别是：义务教育公办学位增量翻一番，普通高中公办学位总量翻一番，教育经费总投入翻一番，公办中小学专任教师增量翻一番，高级职称教师增量翻一番。

打造特色优质教育　东莞市再增30所品牌学校

记者：刘献兵　赵洋　2020年11月24日刊载于中国网视窗

打造特色优质教育 东莞市再增30所品牌学校

近日，东莞市教育局举行第二批品牌学校暨第三批品牌学校培育对象发布仪式，发布了东莞市第二批品牌学校和第三批品牌学校培育对象名单。

莞城建设小学、东莞市第五高级中学等30家中小学入选东莞市第二批品牌学校名单。常平实验小学、宏远外国语学校等60所中小学入选东莞市第三批品牌学校培育对象。

品牌学校培育是推动东莞市市教育扩容提质、内涵发展的重要抓手。项目自2018年启动以来，已遴选出120所品牌学校培育对象、认定60所品牌学校，涌现出一批办学理念先进、办学特色鲜明、办学成效突出、内涵式发展、社会口碑良好的品牌学校。

东莞市高度重视品牌学校培育工作，市财政安排1亿元专项资金。凡被遴选为培育对象学校，市财政给予每所60万元资金支持；待正式认定为品牌学校后，再给予每所30万元。印发培育专项资金管理办法，邀请专家对如何用好专项资金进行培训，选定第三方专业机构对资金使用开展部门评价，确保有限资金用在刀刃上，充分发挥资金效益。

品牌学校培育专业性强，需要持续的专业指导和支持。东莞市坚持借智高端智库，问计专家学者，增强培育工作的科学性和实效性，促进学校内涵发展品质发展。先后邀请北京师范大学校务委员会副主任等北师大中国教育创新研究院团队11名专家莅临指导，采用有分有合、汇报点评讲座结合的方式，专家近距离把脉诊断，为各学校打造品牌、提升品质开出深度有方的良方妙招。此外，还邀请了广东第二师范学院、佛山南海区教育发展研究中心等有关专家前来指导讲学。

东莞各学校也立足自身实际，制定品牌培育任务书，梳理提炼自身品牌培育方向、目标、项目、措施等，在做好规定动作以外，精心设置自选动作。一些学校"环境育人"，根据

报道概述：

品牌学校培育是推动东莞市市教育扩容提质、内涵发展的重要抓手。项目自2018年启动以来，已遴选出120所品牌学校培育对象、认定60所品牌学校，涌现出一批办学理念先进、办学特色鲜明、办学成效突出、内涵式发展、社会口碑良好的品牌学校。

东莞市高度重视品牌学校培育工作，市财政安排1亿元专项资金。凡被遴选为培育对象学校，市财政给予每所60万元资金支持；待正式认定为品牌学校后，再给予每所30万元。印发培育专项资金管理办法，邀请专家对如何用好专项资金进行培训，选定第三方专业机构对资金使用开展部门评价，确保有限资金用在刀刃上，充分发挥资金效益。

东莞各学校也立足自身实际，制定品牌培育任务书，梳理提炼自身品牌培育方向、目标、项目、措施等，在做好规定动作以外，精心设置自选动作。此外，东莞市坚持一边培育一边研究，以教育科研促品牌培育。

2021年投入超130亿元　东莞全力推进品质教育建设

记者：张胜强　2021年1月14日刊载于央广网

报道概述：

2021年初，东莞对打造品质教育的内涵目标、主要内容和“十四五”时期打造品质教育开展的“1＋12”个行动计划等进行了解读。

东莞市教育系统初步提出未来十五年，将分“三步走”实现教育高质量发展。第一步是“十四五”时期，打造品质教育，建设高质量教育体系；第二步是至2030年，基本建成教育现代化强市；第三步是至2035年，全面建成教育现代化强市。

东莞明确将“打造品质教育”作为加快推进教育现代化的核心战略，通过在“十四五”时期确保实现“五个翻一番”，来全面提升东莞教育事业整体发展水平。“五个翻一番”分别是：义务教育公办学位增量翻一番，普通高中公办学位总量翻一番，教育经费总投入翻一番，公办中小学专任教师增量翻一番，高级职称教师增量翻一番。其中，“十四五”期间预测新增公办学位超过25万个，普通高中公办学位供给的总量将达到约11万个。

2021年投入超130亿元 东莞全力推进品质教育建设

央广网
2021-01-14 16:22　央广网官方帐号
关注

东莞市推进品质教育建设大会现场。（央广网发）

央广网东莞1月14日消息（记者张胜强）1月14日上午，东莞举行推进品质教育建设新闻发布会，对打造品质教育的内涵目标、主要内容和“十四五”时期打造品质教育拟开展的“1+12”个行动计划等进行了解读。

二、省级媒体

品牌学校让优质教育覆盖东莞每个角落

作者：王慧　毛敏　2018年11月8日刊载于南方日报《东莞观察》A03版

A03 东莞观察 教育

品牌学校 让优质教育覆盖东莞每个角落

培育工作本月启动，今年将培育首批30所

究竟需要怎样的“品牌学校”？

报道概述：

2018年11月，东莞市普通中小学“品牌学校”培育工作正式启动。为广泛吸纳民意，由东莞市教育局和《南方日报》联合策划的教育交互谈话《我要的好学校》，借助新媒体直播平台，针对“品牌学校”设置社会关心的议题，广泛吸纳民意。

为什么要建品牌学校，这背后有怎么样的深意？在东莞，提升优质教育的关键路径有哪些？需要社会怎样的参与？这场活动进行了深入的探讨，专家、校长、老师、家长现场建言献策，干货十足。

东莞通过打造一批标杆性优质学校，发挥优势学校辐射作用，促进教育优质均衡发展。并且对“品牌学校”提出五个维度的指引，包括办学基础好、办学成效突出、社会口碑好、内涵式发展和优质特色办学。

东莞力争到明年底培育100所品牌学校

扩充优质教育资源，30所学校成首批培育对象

作者：王慧　毛敏　2019年3月5日刊载于《南方日报·东莞观察》A04版

A04 东莞观察 综合

南方日报

东莞力争到明年底培育100所品牌学校

扩充优质教育资源，30所学校成首批培育对象

首批品牌学校培育对象名单

慕课创新案例网络评选今启动

个税改革催生新职业“薪税师”

东莞举办全省首期培训班，吸引140人参加

广发信用卡助力支付便民

专题

供电先行 助力“湾区都市、品质东莞”建设

报道概述：

2019年3月3日东莞市召开2019年品牌学校培育工作推进会，对前一阶段品牌学校培育对象申报工作进行了总结，并对有关工作情况进行了下一阶段的部署，会上公布第一批30所品牌学校培育对象名单，包括东莞中学、松山湖实验中学、南城阳光第二小学等30所学校成为东莞首批品牌学校培育对象。

品牌学校培育是东莞教育扩容提质系列工作的一项重点，目的在于整体提升扩大优质教育资源的覆盖面，真正让老百姓享受公平而有质量的教育。

此次公布的培育对象包括了7所普通高中、7所初中以及16所小学。据介绍，品牌学校申报工作于2018年11月起正式展开，共计收到142所学校申报材料，经过专家周密的论证和筛选等程序，产生了首批30所品牌学校培育对象。

21所新建改扩建学校投入使用，新增约2.67万个学位

东莞以品质教育助力城市升级

记者：黄婷　王慧　2020年9月1日刊载于《南方日报·东莞观察》A01版

南方日报 东莞观察 A01

21所新建改扩建学校投入使用，增加约2.67万个学位

东莞以品质教育助力城市升级

全力以赴推进教育扩容提质

报道概述：

教育扩容提质，“扩”是不断扩大优质公办教育资源，增加教育的普惠面；“提”是要提高东莞教育质量和美誉度。

从2018年明确提出教育扩容提质战略到2020年教育扩容提质千日攻坚，东莞围绕扩容与提质，在不断推动公办学校新建改扩建的同时，从实施集团化办学、推进品牌学校和未来学校建设着力，针对教育痛点和难点，不断加大教育改革力度，多措并举形成扩充东莞教育优质发展的闭环——以集团化办学托举新建和薄弱学校两极，以品牌学校启发和帮助一批学校增强内驱力，并且以他们作为牵引，带动更多的学校突破发展瓶颈。

在品牌学校培育项目中，东莞市财政设立1亿元专项资金，挖掘一批办学理念先进、办学特色突出、社会口碑良好的学校。2018年以来共遴选品牌学校培育对象60所，其中已认定品牌学校30所，计划至2021年共培育100所品牌学校。

在推动东莞教育优质发展的进程中，这一批品牌学校再次承担龙头学校的引领作用，实现以强带弱、以强带新，全面提升教育品质。

视频＋动图|造星or沉淀，东莞品牌学校培育进入深度思考区

记者：王慧　2019年4月27日刊载于南方+

报道概述：

2019年4月25—26日，东莞30所品牌学校培育对象校长齐齐登台，接受北京师范大学中国教育创新研究院的专家团队现场答辩。

品牌学校是东莞教育提质的重点工程之一，相当于培育东莞中小学的“985”“211”，计划3年培育100所品牌学校，全面提高东莞学校的品牌识别度和社会知名度，从而扩大东莞优质教育的受惠面。2019年3月东莞公布首批30所品牌学校培育对象。

说到品牌识别度和社会知名度，很容易联想到“造星”。相比纯粹的推广包装，品牌学校的落脚点一定是在育人。与其说打造品牌学校是“造星”，不如视作东莞学校“沉淀”的过程。在这一过程中，学校的价值将让更多人知道，公众也将参与和监督着学校发展。

教育观察|品牌的力量是什么?

记者：王慧　2019年11月10日刊载于南方+

南方Plus
广东头条新闻资讯平台
打开

教育观察|品牌的力量是什么?

教育莞家 南方号
2019-11-10 17:18
+订阅

百年大计 教育为本
教育频道

深秋的北京， 层林尽染，五彩斑斓。东莞品牌学校北京研修班也如这深秋的色彩，必将为东莞探索优质教育之路绘制浓墨重彩的一笔。

从大湾区重要节点城市东莞，到首都北京，纵跨2312.6公里。这也是东莞启动品牌学校发展战略以来，首次组团校长和学校骨干外出学习。

从听取最高学府北京师范大学专家讲授，到实地走访京城名校，与名校长面对面交流，此次品牌学校之行可谓收获颇丰。

报道概述：

从大湾区重要节点城市东莞，到首都北京，纵跨2312.6公里。这是东莞启动品牌学校发展战略以来，首次组团校长和学校骨干外出学习。从听取最高学府北京师范大学专家讲授，到实地走访京城名校，与名校长面对面交流，此次品牌学校之行可谓收获颇丰。

通过学术和实践知识的融合，对品牌文化内涵的追溯和探讨成为本次研修的关键，东莞的校长们不断将所学所看到的内容，与自己的办学实践进行印证，深度思考。

品牌文化如何优化学校常规性的文化，品牌文化如何与学校的课程进行打通，品牌文化能不能进行量化考核？针对这些深层的问题，北京的专家也结合实操经验，提出了专业的指引。

此次品牌学校骨干集体赴首都北京学习，也是充分利用好这次机会，多多进行校际之间的交流，找共性，思差异，寻路径，共同进步。凝聚的力量也成为这次北京研修之行的共识。

300万点击聚焦东莞品质教育内涵，首批品牌培育学校直播今日收官

记者：黄婷　孙俊杰　2019年12月20日刊载于南方+

报道概述：

品牌快车⑮|300万点击聚焦东莞品质教育内涵，首批品牌培育学校直播今日收官

教育莞家
2019-12-20 14:41
已订阅

百年大计 教育为本
教育频道

9个月，30场，超300万点击量，一组数字见证东莞首批品牌学校培育对象的影响力。今年3月，东莞市确定了首批30所品牌培育学校名单，从4月开始，东莞市教育局携手南方+东莞频道，通过直播方式走进这些学校，向公众呈现各学校的办学亮点及品牌内涵。

今日，开放日直播走进了东莞外国语学校，这也是历时9个月直播的收官之站。

9个月，30场，超300万点击量，一组数字见证东莞首批品牌学校培育对象的影响力。2019年3月，东莞市确定了首批30所品牌培育学校名单，从4月开始，东莞市教育局携手南方+东莞频道，通过直播方式走进这些学校，向公众呈现各学校的办学亮点及品牌内涵。

2019年12月20日，开放日直播走进了东莞外国语学校，这也是历时9个月直播的收官之站。以品牌学校培育为契机，有校长直言此举让学校沉下心来总结以往办学，思考未来方向，为学校突破自身发展瓶颈、实现更好质量发展起到了催化作用。而依托于开放日直播形成的东莞教育矩阵，成为各学校主动传播品牌建设动态的窗口，活跃东莞教育生态，传递东莞品质教育声音。

以直播探访学校为切入口，邀请校长阐述办学理念、品牌内涵，通过校园环境、课堂、社团、大课间等展示，进一步向家长、公众阐述东莞首批品牌培育对象学校亮点以及对品牌教育的深度思考。

共同见证东莞第二批品牌学校及第三批品牌学校培育对象发布！

记者：王慧　黄婷　2020年11月20日刊播于南方⁺

报道概述：

作为城市公共服务体系的重要组成部分，教育一直以来得到东莞市委市政府高度重视，也承载着广大群众的热切期盼。东莞从2018年11月启动了品牌学校申报工作，由此开启了以品牌培育为契机的教育提质。

2019年3月，东莞市发布了第一批共30所品牌学校培育对象名单，经过近一年的品牌培育与深化，同年12月第一批品牌学校发布会暨品牌培育中期推进会在东莞市中小学教师发展中心举行，首批30所品牌培育学校正式获得品牌学校认定，会上同步发布第二批30所品牌培育对象学校。

时隔近一年，目前第二批30所品牌学校现场评估已完成，第三批60所培育对象也完成了遴选。为了进一步总结品牌学校培育项目阶段性成果，部署下一步工作安排，展现东莞品牌学校培育工作的亮点及成效，扩大东莞品牌学校培育的关注度和影响力，2020年11月20日下午，东莞市教育局联合南方⁺举行了“东莞市第二批品牌学校发布会暨第三批品牌学校培育对象发布会”，正式揭晓名单。

遴选基地、研制标准，
四大关键词看东莞“品质课堂”建设

记者：黄婷　2021年3月23日刊载于南方+

报道概述：

2021年3月22日，东莞市召开“品质课堂”建设推进会，专题研究部署“品质课堂”和国家级信息化教学实验区、基础教育国家级优秀教学成果推广应用示范区建设的有关工作，奋力打造品质教育，加快建设高质量教育体系。

打造“品质课堂”，即紧紧围绕立德树人根本任务，坚持有教无类、素质教育、因材施教的教育理念，以课程标准为依据，以发展学生核心素养为目标，深入推进五个方面课堂变革，让师生享受到过程精彩和成长幸福。

推进会从目标任务、工作措施等方面做详细解读，进一步阐述品质课堂要做什么、怎样做、做成什么样的目标，“品质课堂”建设不仅要尊重每一个学生，让每一个学生都能在原有的水平上得到提高、获得发展，且要分考虑每个学生的特点，给予差异化、个性化的指导，让每一个学生都接受有品质的教育。

东莞2025年前建成20所市级特色优质普高

2021年10月25日刊载于南方网

南方网 > 教育 > 教育要闻精选

东莞2025年前建成20所市级特色优质普高

2021-10-25 09:40 来源：南方plus

10月22日下午，东莞市"双特色"普通高中建设推进会在东莞中学松山湖学校召开。会议贯彻落实全市教育大会、全市推进品质教育大会精神，研究谋划东莞普通高中教育改革发展的主要目标、方向和路径，动员部署推动"双特色"普通高中建设，大力推动高中教育优质均衡多样化发展。副市长黎军出席会议并讲话。

黎军指出，今年来东莞相继召开全市推进品质教育建设大会、全市教育大会，对当前和今后一段时期全市教育高质量发展作出全面安排和部署。高中教育作为高质量教育体系的重要一环，在人才培养中起着承上启下的关键作用，全市教育系统、各普通高中要认真

报道概述：

2021年10月22日，东莞市“双特色”普通高中建设推进会在东莞中学松山湖学校召开。会上，市教育局就推进普通高中“双特色”优质发展作出部署：一要提高认识，明确特色导向；二要立足禀赋，提升特色品牌；三要减负增效，增强特色亮度；四要深化改革，激发特色活力。争取至2022年基本形成普通高中多样化有特色发展格局，到2025年建成20所市级特色优质普通高中，建成2～3个在全省乃至全国具有引领示范作用的特色办学成果。

会议印发了《东莞市推进普通高中“双特色”优质发展行动计划（2021—2025年）》《东莞市推进普通高中“双特色”建设工作方案（征求意见稿）》《东莞市普通高中增值评价实施方案（试行）》《东莞市普通高中特色发展案例交流资料汇编》等。

各普通高中按照“双特色”行动计划有关要求，结合自身特色优势，按人文、数理、科技、体育和艺术等类别，制作了精彩纷呈的“双特色”建设展板，布置到会场，进行展示交流，互相学习。

东莞：推动集团化办学 优质学位不再“一位难求”

2022年7月26日广东电视台报道

报道概述：

为了更好满足大家“有学上”“上好学”的需求，东莞市大力推进集团化办学，目前以松山湖中心小学教育集团为代表的优质教育集团脱颖而出，成为首批省级优质教育集团培育对象，有效推动了义务教育优质均衡发展，以及大幅提升人民群众的教育获得感。

东莞市集团化办学模式启动三年以来，取得显著成效，改善了本市的办学环境，培养了大批的师资人才，大大缓解了东莞优质学位不足的问题。未来东莞将继续深化集团化办学改革，优化办学机制，扩大集团化办学的影响力，并推动集团化办学的多市帮扶。

品质教育十二项行动计划出炉

东莞至2025年将力争完成新改扩建公办中小学校210所，增加学位32万个

记者：余晓玲　2021年5月13日刊载于《羊城晚报》东莞新闻A13版

羊城晚报
东莞跻身中国地级市品牌百强榜第四名
A13
东莞新闻 2021年5月13日 星期四
品质教育十二项行动计划出炉
东莞至2025年将力争完成新改扩建公办中小学校210所，增加学位32万个
“专家型护士”提升医疗服务质量
考生6月3日起填报志愿
7月15日公布普高录取结果
救援装备亮相 救援项目演练
关注特殊儿童学前融合教育
进一步拓宽认定范围

报道概述：

2021年5月11日，东莞市政府常务会议召开，审议通过了《东莞市打造品质教育十二项行动计划》。《行动计划》包括推进公办中小学建设、推进学前教育普惠健康发展、推进义务教育优质均衡发展、推进普通高中“双特色”优质发展、推进民办学校规范提质、推进职业教育产教融合、推进高等教育创新发展、打造“莞邑良师”、推进“品质课堂”、推进中小学劳动教育、推进智慧教育、推进教育评价改革共12项内容，将以强有力创新举措推动教育领域综合改革，全力破解影响教育改革发展的体制机制障碍，为推进教育高质量发展提供政策性支撑。

根据推进公办中小学建设行动计划，至2025年，东莞将力争完成新改扩建公办中小学校210所，增加学位32万个。剧报道，《行动计划》力图破解发展难题，在扩容、提质、强师、服务、治理等五方面实现机制创新。

品牌学校以强带弱　未来教育提质增量

记者：韩成良　2019年3月29日刊载于《南方都市报》特11版

11

湾区东莞

品牌学校

整体提升办学质量
擦亮莞邑教育品牌

是落实东莞“慧教育”
建设的新举措

教育局

品牌学校以强带弱
未来教育提质增量

未来学校

“国家教育智库”平台助力东莞“未来教育”

为打造“湾区都市、品质东莞”提供有力支撑

首家未来教育集团成立 引领东莞未来教育

报道概述：

2019年，东莞要大力提升教育党建水平，全力推进教育扩容提质工程，深入推进教育综合改革。同年3月，东莞市教育局组织召开东莞品牌学校培育工作推进会，确立首批30所品牌学校培育对象，整体提升扩大优质教育资源的覆盖面；举行松山湖未来学校教育集团揭牌仪式，全力打造区域教育改革创新发展示范区，努力形成可复制、可推广的成功经验，进一步促进全市教育高质量发展。

建设未来学校，打造高品质教育品牌，是东莞市委、市政府立足于东莞参与粤港澳大湾区建设、推动高质量发展、满足人民群众对优质教育的需求所作出的一项重要战略部署。

东莞市教育局：奋力打造品质教育
办好家门口的每一所学校

记者：韩成良　2021年3月31日刊载于《南方都市报》特10版

开局
南都驻东莞十九周年纪念特刊
东莞市教育局
奋力打造品质教育　办好家门口的每一所学校

报道概述：

“十四五”时期，东莞教育事业进入了新发展阶段。面对新形势新要求，东莞市委、市政府强调，必须紧紧围绕推进教育现代化这一主线，以打造品质教育为目标，以改革创新为根本动力，聚焦重点任务和关键环节。精准发力、攻坚克难，努力办好人民满意的教育，加快推动东莞教育高质量发展。

东莞市教育局将按照市委、市政府关于打造品质教育的部署要求，全力推进打造品质教育“1+12”行动计划落地实施、早见成效，为“十四五”工作开好局、起好步。

品质教育的目标愿景。未来十五年，东莞市委、市政府谋划分“三步走”实现教育高质量发展：第一步是“十四五”时期，打造品质教育，构建高质量教育体系；第二步是至2030年，基本建成教育现代化强市；第三步是至2035年，全面建成教育现代化强市。

三、市级媒体

东莞深入推进课堂变革　打造“品质课堂”
课堂“活”起来　学得更主动

记者：李直建　2021年4月9日刊载于《广州日报》DGA13版

报道概述：

东莞新闻

寻找被拐女孩
20年从未放弃

春荷

课堂“活”起来　学得更主动

给大企优企发“政务绿卡”

长安将新增3个“空中足球场”

2021年3月22日，东莞市召开“品质课堂”建设推进会，明确了“品质课堂”的目标内涵。东莞多所学校的“品质课堂”探索都取得了较好的效果。

每节课前5分钟，主要用于学生个人才艺展示；中间30分钟培育师生学科核心素养；后5分钟开展各种主题活动……茶山镇第三小学实行“530”课改后的课堂安排，获得师生一片好评。学生不用固定在一个班级、一间教室，而是或根据项目类别的不同，或根据教学模块的差异，或由兴趣自主选择在相应的教室里流动上课。这是松山湖第一小学给五年级学生提供的别出心裁的课程“自助餐”。该校五年级教研中心通过以“项目式学习”和“走班制”相结合的方式，让课堂教育更加灵活。

东莞品牌学校培育不断探索　推动教育扩容提质

课堂丰富了　内涵提升了

记者：李直建　2021年09月10日刊载于《广州日报》DGA13版

东莞新闻
向东莞“最美教师”致敬
课堂丰富了　内涵提升了
上演21场时尚大戏

报道概述：

新学期开始了，东坑镇中心小学的孩子们发现，学校新建的功能楼很快就将启用，厨艺室、音乐室、书法室、智慧课室、多功能舞蹈室……在这里，学生们能够尽情享受“第二课堂”带来的乐趣。

2020年11月，东坑镇中心小学被遴选为东莞市第三批品牌学校培育对象，从此进入了发展快车道。品牌学校培育是推动东莞市教育扩容提质、内涵发展的重要抓手。项目于2018年启动，至今已遴选出120所品牌学校培育对象，认定了60所品牌学校，涌现出一批办学理念先进、办学特色鲜明、办学成效突出、内涵式发展、社会口碑良好的品牌学校，并在实现品牌输出、辐射带动发展方面做出有益探索。

学生家长看过来！东莞发布首批30所品牌学校

记者：张理萌　覃志杰　2019年12月26日刊载于东莞+

学生家长看过来！东莞发布首批30所品牌学校

i东莞　2019-12-26 13:46:27

今日（26日）上午，东莞市第一批品牌学校发布会暨品牌培育中期推进会召开。

会议正式发布东莞第一批品牌学校、第二批品牌学校培育对象、品牌学校工作室名单，同时还将部署第三批品牌学校遴选等相关工作。

报道概述：

2019年12月26日上午，东莞市第一批品牌学校发布会暨品牌培育中期推进会召开。会议正式发布东莞第一批品牌学校、第二批品牌学校培育对象、品牌学校工作室名单，同时还将部署第三批品牌学校遴选等相关工作。经过近一年的培育，首批品牌培育学校，全部获得品牌学校认定。

记者从市教育局获悉，2022年8月东莞市第二批品牌学校申报遴选工作正式开始，共收到120所学校申报材料，经过论证和筛选后，第二批30所品牌培育学校名单出炉。

除此之外，市教育局将成立3所品牌学校培育工作室，分别由东莞一中、东莞中学初中部、莞城中心小学承办。各个工作室将组织有关学校围绕品牌学校培育工作，开展读书活动、影子校长学习活动、专题研讨等。现场，3所品牌学校培育工作室正式授牌。

品牌学校促进东莞教育发展

记者：张理萌　2020年12月1日刊载于《东莞日报》B01版

B 01-04
教育周刊
EDUCATION WEEKLY
目前全市共有120所品牌学校及品牌学校培育对象
品牌学校 促进东莞教育内涵发展
品牌学校提升优质教育资源覆盖面
如何提升孩子"爱的能力"
校运会实战训练上演"极速校园"
"内外兼修"多样发展 共建良好教育生态
专家学者把脉 科研引领深化品牌培育
东莞市学前教育行业协会举行成立十周年庆典
市、镇大力扶持品牌学校发展
扩大自身辐射作用 带动周边学校发展

报道概述：

推进教育扩容提质，是民生福祉工程。东莞市教育质量加速发展，教育品质随城市品质提升。在东莞教育扩容提质"组合拳"之下，品牌学校培育，备受社会各界关注。近日，东莞市再增30所品牌学校及60所品牌学校培育对象，消息传来，振奋人心。东莞在品牌学校培育道路上，积极探索、锐意改革，目前全市共有120所品牌学校及品牌学校培育对象。

品牌学校培育，是东莞大力推进教育扩容提质的一项重点工作，目的在于整体提升扩大优质教育资源的覆盖面，真正让老百姓享受公平而有质量的教育。

自2018年东莞启动品牌学校培育工作以来，东莞市教育系统形成优质发展、资源共享的良好教育生态，各校从校园文化、师资队伍、课程体系等方面内化于心、外化于行。此外，品牌学校在做好品牌推广的同时，还能扩大自身辐射作用，带动周边学校同步发展。

好学校就在家门口

以东莞中学初中部古梅一中为样本，集团化办学三年回顾

记者：赵海霞　2021年12月14日刊载于《东莞日报》B01版

B 01-04

教育周刊

EDUCATION WEEKLY

“好学校就在家门口”

以东莞中学初中部古梅一中为样本，集团化办学三年回顾

报道概述：

集团化办学作为东莞市教育均衡发展的一个新举措、新探索，其实践经验颇具参考价值。东莞中学初中部于2019年6月正式托管麻涌镇古梅一中，实行集团化办学。锐意进取，披荆斩棘，集团化办学近三年，古梅一中从一所办学基础相对薄弱的学校，蜕变成水乡片区的优质学校，实现了办学水平质的飞跃。

学校通过盘活优质教育资源，提升教学质量，古梅学子的中考成绩从低于市平均水平，到连续两年取得突破性的进步，平均分、优秀率、合格率均超市平均水平，考取东莞重点高中人数连创新高，得到市镇领导和家长的一致赞扬。

莞中初中部对古梅一中的“毫不保留”，真正是落到实处、细处。集团两所学校实施“共享共建教育资源”工程，深入开展“四个一体化”教学建设。作为紧密型集团，学校把“做个幸福莞初人”的文化理念先行输出，以贴心式的服务凝聚人心。

12项重点教育工作助力深化基础教育综合改革

聚焦学有优教　跑出教育加速度

记者：张理萌　2022年2月22日刊载于《东莞日报》A07版

东莞·教育 A07

12项重点教育工作助力深化基础教育综合改革

聚焦学有优教 跑出教育加速度

报道概述：

2022年，东莞市教育将聚焦“学有优教”发展目标，深化基础教育综合改革，全力推进“双减”落实攻坚战，全力推动义务教育结构优化，全力打造“莞邑良师”队伍，加快建设高质量教育体系，凝神聚力、创新创优、守住底线，奋力在“双万”新赛道上跑出教育加速度。

2021年东莞“双减行动”成效显著，2022年将继续加大力度、强化举措，从持续减轻学生校内作业负担、深化校外培训机构治理、提升校内课后服务水平、促进学生全面发展成长等几大方面，把更多的时间还给孩子。

此外，东莞还将完善“师德师风建设、人才引育、编制管理、活力激发、统筹推进”五大机制，着力建设高素质专业化创新型教师队伍。而在集团化办学、品牌学校、普通高中“双特色”学校等方面，2022年也将继续发挥辐射作用。

走进莞邑品牌学校　探索学校发展路径
——东莞慧教育·名师论坛

2020年11月20日刊播于东莞广播电视台

报道概述：

2020年11月，“走进莞邑品牌学校　探索学校发展路径——东莞慧教育·名师论坛”举行。五位东莞首批品牌学校的校长深入探讨了“品牌学校”的那些事儿，分别表达了自己对品牌学校建设的看法。

东莞市第一中学校长熊盛才表示，一所品牌学校，应该是以立德树人为理想的学校，是让人幸福成长的平台；东莞市东华高级中学校长简期颐则表示，他心目中的品牌学校是具有全面质量观和科学发展观的优质学校，简单来说就是：社会认可，老百姓有口碑，学生能够自信成长，老师能够有尊严地快乐工作的学校；石龙第三中学校长杨森林表示，一个学校之所以成为品牌学校，是让学生能成长、成才、成功；大朗镇中心小学校长梁小平认为，品牌学校的培育，关键在于教师，教师是立教之本，兴教之源，是学校发展素质教育、培养学生核心素养、提升教育品质的重中之重。

东莞六十余名校长齐聚一堂，交流“品牌学校建设”经验

记者：伍源　温琛　2021年1月7日刊载于东莞阳光网

东莞六十余名校长齐聚一堂，交流“品牌学校建设”经验

东莞阳光网　2021.01.07 00:31

语音播报

东莞阳光网讯　（记者 伍源 见习记者 温琛）1月6日下午，东莞市第二期校长任职资格培训班2021“品牌学校建设”论坛在东莞市中小学教师发展中心顺利举行。六十余名来自东莞各公民办学校的校长齐聚一堂，就品牌学校建设分享经验，互动交流。

作为东莞市第二批三十所品牌学校中唯一一所民办学校，北京师范大学东莞石竹附属学校总校长姜晓茹在论坛上分享了学校进行品牌建设的经验。她表示，品牌学校建设，课程是核心，最重要的是学生通过课程学习在实践中去体现和落实。据悉，该校

报道概述：

2021年1月6日，东莞市第二期校长任职资格培训班2021“品牌学校建设”论坛在东莞市中小学教师发展中心举行。六十余名来自东莞各公民办学校的校长齐聚一堂，就品牌学校建设分享经验，互动交流。

作为东莞市第二批三十所品牌学校中唯一一所民办学校，北京师范大学东莞石竹附属学校总校长姜晓茹在论坛上分享了学校进行品牌建设的经验。她表示，品牌学校建设，课程是核心，最重要的是学生通过课程学习在实践中去体现和落实。

松山湖实验中学副校长周琼平也认为，校本课程对于学校特色形成和品牌建设有重大作用。据悉，该校学生有三分之一的时间用于学习校本课程。

万江第二中学校长李永义则从“发展中的学校如何建设品牌学校”的角度出发，向与会校长们分享了该校品牌学校建设经验。他从校园文化改建、教师培养、家校共育、学生培育和课程体系建设五个方面总结了发展中学校品牌建设的做法。

打造“品质教育”，加快建设教育现代化强市！
东莞教育“十四五”规划发布！

2022年1月2日刊载于知东莞

报道概述：

2022年1月，《东莞市教育事业发展第十四个五年规划和2035远景目标纲要》（下称《规划》）正式印发。

《规划》提出，“十四五”时期以扩容提质为主题，以打造“品质教育”为发展战略，建设高质量教育体系，加快推进教育现代化强市建设。围绕总体目标，《规划》明确了“六个新”发展目标，整体设计了“九大任务”提升“九大品质”，重点推进“1＋12”行动。

打造“品质教育”，加快建设教育现代化强市！东莞教育“十四五”规划发布！

东莞慧教育 2022-01-02 10:04

语音播报

近日，《东莞市教育事业发展第十四个五年规划和2035远景目标纲要》（下称《规划》）正式印发。《规划》提出，“十四五”时期以扩容提质为主题，以打造“品质教育”为发展战略，建设高质量教育体系，加快推进教育现代化强市建设。围绕总体目标，《规划》明确了“六个新”发展目标，整体设计了“九大任务”提升“九大品质”，重点推进“1+12”行动。

组建70个集团！
东莞市第二轮集团化办学启动仪式举行（附名单）

国家、省、市级数十家媒体对启动仪式进行报道

组建70个集团 东莞市第二轮集团化办学启动仪式举行

发布时间：2022-08-27 23:13 来源：中国报道

（东莞市教育局供图）

中国报道讯（黄楚芳 通讯员莞教宣）为总结第一轮集团化办学成效，部署第二轮集团化办学工作，8月26日下午，东莞市第二轮中小学幼儿园集团化办学启动仪式在东莞市中小学教师发展中心举行。第二轮集团化办学组建的70个教育集团，集团成员学校达到207所，实现了学段和镇街全覆盖，并辐射到韶关、揭阳，开启跨市集团化办学新模式。现场举行了教育集团的签约和授牌仪式。

2018年东莞全面开启了推进集团化办学之路，至2021年，全市公布的教育集团共40个，集团成员单位达到95个，覆盖28个园区和镇街，覆盖率达85%。2022年1月，广东省教育厅公布71个省级优质基础教育集团培育对象，东莞入围9个，位列全省地级市第一。

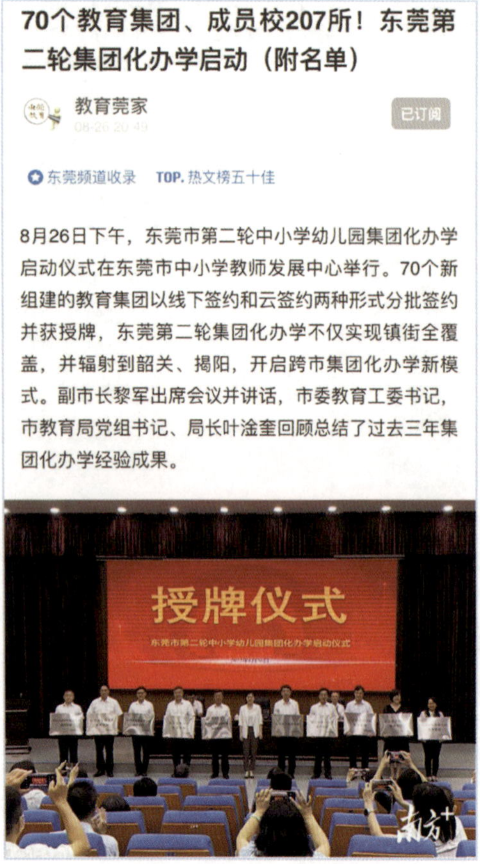

70个教育集团、成员校207所！东莞第二轮集团化办学启动（附名单）

教育莞家 已订阅

东莞频道收录 TOP.热文榜五十佳

8月26日下午，东莞市第二轮中小学幼儿园集团化办学启动仪式在东莞市中小学教师发展中心举行。70个新组建的教育集团以线下签约和云签约两种形式分批签约并获授牌，东莞第二轮集团化办学不仅实现镇街全覆盖，并辐射到韶关、揭阳，开启跨市集团化办学新模式。副市长黎军出席会议并讲话，市委教育工委书记，市教育局党组书记、局长叶淦奎回顾总结了过去三年集团化办学经验成果。

报道概述：

为总结第一轮集团化办学成效，部署第二轮集团化办学工作，2022年8月26日下午，东莞市第二轮中小学幼儿园集团化办学启动仪式在东莞市中小学教师发展中心举行。第二轮集团化办学组建70个教育集团，集团成员学校达到207所，实现了学段和镇街全覆盖，并辐射到韶关、揭阳，开启跨市集团化办学新模式。现场举行了教育集团的签约和授牌仪式。

2018年东莞全面开启了推进集团化办学之路，至2021年，全市公布的教育集团共40个，集团成员单位达到95个，覆盖28个园区和镇街，覆盖率达85%。2022年1月，广东省教育厅公布71个省级优质基础教育集团培育对象，东莞入围9个，位列全省地级市第一。

过去三年，东莞集团化办学盘活了教育资源，激活了教师队伍，提振了办学底气，全面提升了教育质量。同时，充分发挥品牌龙头学校的辐射带动作用，快速扩大优质

教育资源的覆盖面，大大缩短了新建学校的成长期，有效促进薄弱学校的自我发展，推动全市基础教育整体提升，老百姓感觉到家门口的好学校更多了。

“十四五”时期，东莞将紧紧围绕“扩规模”和“提质量”两大目标，继续深化集团化办学改革，奋力打造一批在省内外具有较大影响力的优质基础教育集团。

附：东莞市第二轮中小学校幼儿园教育集团名单

序号	集团	龙头	成员
1	东莞中学教育集团	东莞中学	南城中学
2	东莞中学松山湖学校教育集团	东莞中学松山湖学校	东莞市石排中学 东莞市第十三高级中学 东莞市大朗中学
3	东莞市第一中学教育集团	东莞市第一中学	东莞市中堂镇实验中学 东莞市第十一中学
4	东莞高级中学教育集团	东莞高级中学	东莞市清溪中学
5	东莞外国语学校教育集团	东莞外国语学校	东莞外国语学校东城分校 东莞市滨海湾外国语学校 东莞市寮步外国语学校 东莞市黄江中学
6	东莞松山湖未来学校教育集团	东莞松山湖未来学校	东莞市松山湖实验中学 东莞市松山湖第一小学 东莞市松山湖第二小学
7	东莞中学初中部教育集团	东莞中学初中部	东莞市麻涌镇古梅第一中学
8	东莞市可园中学教育集团	东莞市可园中学	东莞市洪梅中学 东莞市道滘中学
9	东莞市青少年活动中心教育集团	东莞市青少年活动中心	东莞松山湖青少年活动中心
10	东莞市松山湖实验中学教育集团	东莞市松山湖实验中学	东莞市东坑中学 东莞市东坑镇第三小学
11	东莞松山湖无痕教育集团	东莞松山湖北区学校	东莞松山湖实验小学 东莞市松山湖横沥实验学校 东莞市大岭山镇第三小学
12	东莞市石龙第三中学教育集团	东莞市石龙第三中学	东莞市石龙镇中心小学 东莞市石龙镇中心小学西湖学校
13	东莞市中堂中学教育集团	东莞市中堂中学	东莞市中堂镇槎滘小学

（续表）

序号	集团	龙头	成员
14	东莞市望牛墩中学教育集团	东莞市望牛墩中学	东莞市望牛墩镇达贤小学
15	东莞市石碣袁崇焕中学教育集团	东莞市石碣袁崇焕中学	东莞市石碣序伦小学
16	东莞市石碣中学教育集团	东莞市石碣中学	东莞市石碣镇中心小学 东莞市石碣文晖学校 东莞市石碣佳辉学校
17	东莞市寮步镇香市中学教育集团	东莞市寮步镇香市中学	东莞市寮步镇石龙坑小学 东莞市寮步华衍学校
18	东莞市大岭山中学教育集团	东莞市大岭山中学	东莞市大岭山镇第二小学 东莞市大岭山新风中学
19	东莞市茶山中学教育集团	东莞市茶山中学	东莞市茶山镇中心小学 东莞市茶山镇第二小学 东莞市茶山镇第三小学
20	东莞市常平镇振兴中学教育集团	东莞市常平镇振兴中学	东莞市常平镇司马中学 东莞市常平镇新城学校
21	东莞松山湖中心小学教育集团	东莞松山湖中心小学	东莞市寮步镇西溪小学 东莞市企石镇江南小学 东莞市大岭山镇实验小学
22	东莞市莞城中心小学教育集团	东莞市莞城中心小学	东莞市莞城和阳小学 揭东区新亨镇硕联小学
23	东莞市莞城英文实验学校教育集团	东莞市莞城英文实验学校	东莞市莞城平乐坊小学 揭东区龙尾镇龙珠中心小学
24	东莞市虎门镇中心小学教育集团	东莞市虎门镇中心小学	东莞市虎门镇中心小学赤岗分校 东莞市虎门镇太平小学
25	东莞市虎门镇东方小学教育集团	东莞市虎门镇东方小学	东莞市虎门镇红旗小学
26	东莞市万江中心小学教育集团	东莞市万江中心小学	东莞市万江中心小学滘联校区 东莞市万江第二小学 东莞市万江第七小学
27	东莞市中堂镇中心小学教育集团	东莞市中堂镇中心小学	东莞市中堂镇蕉利小学

（续表）

序号	集团	龙头	成员
28	东莞市高埗镇中心小学教育集团	东莞市高埗镇中心小学	东莞市高埗镇冼沙小学 东莞市高埗镇实验小学
29	东莞市道滘镇中心小学教育集团	东莞市道滘镇中心小学	东莞市道滘镇小河小学 东莞市道滘镇南城小学
30	东莞市厚街镇前进小学教育集团	东莞市厚街镇前进小学	东莞市厚街镇大迳小学 韶关市翁源县龙仙第一小学
31	东莞市长安镇中心小学教育集团	东莞市长安镇中心小学	东莞市长安镇厦岗小学 东莞市长安镇第二小学 韶关乳城镇中心小学 韶关桂头镇中心小学
32	东莞市大朗镇中心小学教育集团	东莞市大朗镇中心小学	东莞市大朗镇新民小学东莞市大朗镇水口小学
33	东莞市大朗镇实验小学教育集团	东莞市大朗镇实验小学	东莞市大朗镇三星小学韶关市乐昌市河南小学
34	东莞市常平镇第一小学教育集团	东莞市常平镇第一小学	东莞市常平镇第三小学 韶关市曲江区白土镇中心小学
35	东莞市桥头镇中心小学教育集团	东莞市桥头镇中心小学	东莞市桥头镇第五小学 普宁市大坪农场梅星小学
36	东莞市企石镇中心小学教育集团	东莞市企石镇中心小学	东莞市企石镇星光小学 东莞市企石盛龙小学
37	东莞市实验幼儿园教育集团	东莞市实验幼儿园	东莞市实验幼儿园雅园新村园区
38	东莞市石龙第二中学教育集团	东莞市石龙第二中学	东莞市石龙镇爱联学校 东莞市石龙镇实验小学 韶关乐昌市沙坪镇中学
39	东莞市万江第二中学教育集团	东莞市万江第二中学	东莞市万江第一小学
40	东莞市万江第三中学教育集团	东莞市万江第三中学	东莞市万江实验小学 东莞市万江第三小学
41	东莞市南城阳光实验中学教育集团	东莞市南城阳光实验中学	东莞市南城第一初级中学
42	东莞市沙田实验中学教育集团	东莞市沙田实验中学	东莞市沙田镇中心小学 东莞市沙田镇第三小学

（续表）

序号	集团	龙头	成员
43	东莞市长安镇实验中学教育集团	东莞市长安镇实验中学	韶关市乳源中学
44	东莞市寮步中学教育集团	东莞市寮步中学	韶关市浈江区韶冶实验学校 韶关市浈江区犁市大为中学
45	东莞市莞城实验小学教育集团	东莞市莞城实验小学	揭东区第二小学
46	东莞市莞城建设小学教育集团	东莞市莞城建设小学	东莞市莞城运河小学
47	东莞市莞城步步高小学教育集团	东莞市莞城步步高小学	东莞市莞城阮涌小学
48	东莞市虎门镇怀德小学教育集团	东莞市虎门镇怀德小学	韶关市仁化县董塘中心小学
49	东莞市东城第一小学教育集团	东莞市东城第一小学	韶关市新丰县实验小学
50	东莞市万江第五小学教育集团	东莞市万江第五小学	东莞市万江第六小学 东莞市万江第八小学
51	东莞市南城西平片区教育集团	东莞市南城阳光第八小学	东莞市南城阳光第六小学 东莞市南城阳光第九小学
52	东莞市麻涌镇大步实验小学教育集团	东莞市麻涌镇大步实验小学	东莞市麻涌镇第三小学
53	东莞市高埗镇西联小学教育集团	东莞市高埗镇西联小学	韶关市武江区田家炳沙湖绿洲小学
54	东莞市塘厦镇中心小学教育集团	东莞市塘厦镇中心小学	东莞市塘厦第二实验小学 韶关市始兴县顿岗镇中心小学
55	东莞市凤岗镇力行教育集团	东莞市凤岗镇镇田小学	东莞市凤岗镇雁田小学
56	东莞市凤岗镇兴贤教育集团	东莞市凤岗镇中心小学	东莞市凤岗镇实验小学 韶关市风度小学
57	东莞市常平镇中心小学教育集团	东莞市常平镇中心小学	东莞市常平镇桥梓小学 东莞市常平镇袁山贝小学

（续表）

序号	集团	龙头	成员
58	东莞市常平实验小学教育集团	东莞市常平实验小学	东莞市常平第二小学
59	东莞市石龙镇中心幼儿园教育集团	东莞市石龙镇中心幼儿园	东莞市石龙镇实验幼儿园 东莞市石龙喜洋洋幼儿园 东莞市石龙爱苗幼儿园 东莞市石龙达达英才幼儿园 东莞市石龙小明星幼儿园
60	东莞市东城中心幼儿园教育集团	东莞市东城中心幼儿园	东莞市东城第三幼儿园
61	东莞市万江中心幼儿园教育集团	东莞市万江中心幼儿园	东莞市万江金泰幼儿园 东莞市万江谷涌幼儿园
62	东莞市南城中心幼儿园教育集团	东莞市南城中心幼儿园	东莞市南城第一幼儿园 东莞市南城第二幼儿园
63	东莞市望牛墩镇中心幼儿园教育集团	东莞市望牛墩镇中心幼儿园	东莞市望牛墩镇第三幼儿园
64	东莞市石碣镇中心幼儿园教育集团	东莞市石碣镇中心幼儿园	东莞市石碣镇实验幼儿园 东莞市石碣小状元幼儿园 东莞市石碣新天天幼儿园
65	东莞市道滘镇中心幼儿园教育集团	东莞市道滘镇中心幼儿园	东莞市道滘镇永庆幼儿园 东莞市道滘博雅东方幼儿园 东莞市道滘新城幼儿园 东莞市道滘镇昌平幼儿园
66	东莞市道滘镇济川幼儿园教育集团	东莞市道滘镇济川幼儿园	东莞市道滘镇闸口幼儿园 东莞市道滘太阳光幼儿园 东莞市道滘大罗沙幼儿园 东莞市道滘贝比兔幼儿园
67	东莞市长安镇中心幼儿园教育集团	东莞市长安镇中心幼儿园	东莞市长安镇实验幼儿园 东莞市长安镇乌沙幼儿园
68	东莞市樟木头镇蓓蕾幼儿园教育集团	东莞市樟木头镇蓓蕾幼儿园	东莞市樟木头镇第一幼儿园 东莞市樟木头新城市幼儿园
69	东莞市塘厦镇第一幼儿园教育集团	东莞市塘厦镇第一幼儿园	东莞市塘厦镇清湖头幼儿园 东莞市塘厦东东幼儿园 东莞市塘厦新东方幼儿园 东莞市塘厦美心幼儿园
70	东莞市凤岗镇中心幼儿园教育集团	东莞市凤岗镇中心幼儿园	东莞市凤岗镇第一幼儿园